IMPRESSUM

Globales Lernen im Spanischunterricht. Eine Handreichung für Lehrerinnen und Lehrer

Autorin
Mara Büter

Gestaltung
Nathow & Geppert

Druck
2018, Kipu-Verlag
Getragen vom Förderverein Interamerikanische Studien e. V. Bielefeld

ISSN 2366-4916
ISBN 978-3-946507-08-6

Entstanden im Rahmen des Projektes ›Die Amerikas als Verflechtungsraum‹, finanziert durch das BMBF (Bundesministerium für Bildung und Forschung)

Reihe
Wissen um globale Verflechtungen

Reihenherausgeber
Center for InterAmerican Studies (CIAS) an der Universität Bielefeld

Koordination der Reihe
Olaf Kaltmeier, Jochen Kemner, Nicole Schwabe

Anschrift
Universität Bielefeld
PF 100131
D-33501 Bielefeld

Internetseite
www.uni-bielefeld.de/cias/unterrichtsmaterialien

Kontakt
GlobalesLernen@uni-bielefeld.de

Autorin: Mara Büter ist wissenschaftliche Mitarbeiterin am Institut für Romanistik der Universität Paderborn. Sie arbeitet am Lehrstuhl für die Didaktik der romanischen Sprachen. Sie studierte Spanisch und Mathematik an der Ruhr-Universität Bochum und absolvierte ihr Referendariat in Münster. Ihre Schwerpunkte liegen im Bereich des interkulturellen und globalen Lernens. Aufgrund mehrerer Auslandsaufenthalte in Hispanoamerika (Chile, Argentinien, Costa Rica) ist es ihr ein besonderes Anliegen, Hispanoamerika verstärkt in den Spanischunterricht zu integrieren.

Inhaltsverzeichnis

1. Einleitung

»Think global, act local« lautet ein oft zitiertes Motto des Globalen Lernens. Beim Globalen Lernen handelt es sich um eine ›pädagogische Antwort‹ auf Globalisierung (vgl. Adick 2008, 43). Zum einen dient es als Themenfeld, in dem Inhalte der ›globalen Risikogesellschaft‹ behandelt werden. Zum anderen ist es ein Unterrichtsprinzip, bei dem es um die Ausbildung zu ›kritisch-reflexiven Weltbürgern‹ geht (vgl. Surkamp / Jancke 2012, 65; Volkmann 2014, 46f.). Da auch der Fremdsprachenunterricht gemäß Bildungsstandards zu einer ›bewussten Lebensgestaltung‹ beitragen soll (vgl. KMK 2012, 11), kann gerade das Globale Lernen auf inhaltlicher, methodischer und auf Kompetenzebene einen Beitrag zur Erreichung dieses Ziels leisten.

Und obwohl das Globale Lernen schon seit den 1990er Jahren vermehrt diskutiert wird, ist es im Fremdsprachen- und insbesondere im Spanischunterricht bisher wenig bekannt[1] (vgl. Scheunpflug 2017a, 141; Lütge 2012, 5). Dabei ermöglicht das Erlernen der spanischen Sprache SchülerInnen einen Zugang zu einem großen und heterogenen Kulturraum mit über 470 Millionen SprecherInnen in 23 Ländern auf vier Erdteilen (vgl. Grünewald 2017, 12). Zudem kommt in einer globalisierten Welt der Beherrschung von Fremdsprachen im beruflichen sowie im privaten Kontext eine immer wichtigere Bedeutung zu (vgl. KMK 2012, 11).

Auch der Orientierungsrahmen für den Lernbereich Globale Entwicklung hebt diese Tatsache hervor (vgl. Becker et al. 2016, 157). Bei diesem Dokument handelt es sich um ein von der Kultusministerkonferenz und dem Bundesministerium für wirtschaftliche Zusammenarbeit und Entwicklung veröffentlichtes Dokument, welches u. a. das Globale Lernen in Schulen verankern will. Im Jahr 2016 wurde in der Neuauflage dieses Orientierungsrahmens ein Kapitel zu den neuen Fremdsprachen integriert. Somit wird die Bedeutung des Fremdsprachenunterrichts im Rahmen des Globalen Lernens verdeutlicht.

Ziel dieser Handreichung ist es, das Globale Lernen für den Spanischunterricht zugänglicher zu machen. Dafür werden in Kapitel 2 das Globale Lernen kontextualisiert und Hintergründe erläutert. Zudem wird das Globale Lernen kritisch aus postkolonialer Perspektive betrachtet. Kapitel 3 fokussiert dann konkret den Spanischunterricht. Es werden Inhalte und Kompetenzen vorgestellt, die sowohl im Rahmen des Spanischunterrichts als auch im Globalen Lernen zentral sind. Kapitel 4 stellt schließlich die konkrete unterrichtliche Umsetzung in den Mittelpunkt. Es werden Hinweise zur Unterrichtsgestaltung, aber auch Methoden und Übungen mit konkreten Durchführungsbeispielen vorgestellt.

1 In der Englisch-Didaktik ist dieses Konzept schon etwas bekannter und es gibt einige theoretische und unterrichtspraktische Veröffentlichungen, vgl. z. B. Lütge 2012, Volkmann 2014 oder Surkamp / Jancke 2012.

2. Hintergründe zum Globalen Lernen

In diesem Kapitel wird das Konzept des Globalen Lernens in Abgrenzung zum Ansatz der Bildung für nachhaltige Entwicklung (BNE) sowie deren Entstehungskontexte vorgestellt. Zudem werden wichtige Begriffe rund um das Globale Lernen sowie die Kritik, die am Globalen Lernen geäußert wird, erläutert.

2.1. Die Entstehungsgeschichten von Globalem Lernen und Bildung für nachhaltige Entwicklung

Globales Lernen

> *»Unter Globalem Lernen wird ein pädagogisch-didaktisches Konzept verstanden, mit dem auf die Herausforderungen reagiert wird, die sich aus der fortschreitenden Globalisierung ergeben [...]. Es geht darum, Menschen zu befähigen, mit den Entwicklungsherausforderungen in der Einen Welt umzugehen, diese zu verstehen, und in der damit einhergehenden Komplexitätssteigerung Orientierung zu finden, ein gutes Leben zu ermöglichen [...].«* (Scheunpflug 2016, 30)

Laut Scheunpflug (2017a, 142) ist Globales Lernen als Vereinigung von Umwelt-, Dritte-Welt-, Friedens-, Menschenrechts- und interkultureller Pädagogik zu verstehen. Das Globale Lernen wird in Deutschland seit den 1990er Jahren verstärkt diskutiert. Es hat sich aus der entwicklungspolitischen Bildungsarbeit bzw. der sogenannten ›Dritte-Welt-Pädagogik‹ entwickelt. Diese ist in Deutschland in den 1950er Jahren entstanden und hängt mit den Erfahrungen aus dem Zweiten Weltkrieg, dem Rückkehren Deutschlands in die Völkergemeinschaft sowie den Gründungen entwicklungspolitischer Hilfswerke zusammen (vgl. Asbrand / Scheunpflug 2014, 401f.). Im Zentrum dieser Pädagogik stand die Beschäftigung »mit Bildungsfragen in Bezug auf sogenannte ›Entwicklungsländer‹« (EPIZ 2015, 8).

In den 1970er Jahren entstand im angloamerikanischen Sprachraum der Begriff der Global Education. 1995 wurde der Begriff *Globales Lernen* in Deutschland eingeführt und als Querschnittsaufgabe aller Bildungsprozesse verstanden: »Dabei ist die Annahme grundlegend, dass Bildung und Erziehung eine entscheidende Bedeutung bei der Entwicklung einer nachhaltigen Gesellschaft und Politik zukommt.« (Scheunpflug 2017a, 142) Es wird deutlich, dass dem Globalen Lernen die Agenda 21 als Argumentationsgrundlage dient.

Bildung für nachhaltige Entwicklung

Unter nachhaltiger Entwicklung wird laut Brundtland-Bericht eine Entwicklung verstanden, »[...] die die Lebensqualität der gegenwärtigen Generation sichert und gleichzeitig zukünftigen Generationen die Wahlmöglichkeit zur Gestaltung ihres Lebens erhält.« (DUK o. J. b)

»Bildung für nachhaltige Entwicklung bezeichnet ein ganzheitliches Konzept, das den globalen – ökologischen, ökonomischen und sozialen – Herausforderungen unserer vernetzten Welt begegnet. Als Bildungsoffensive zielt BNE darauf ab, das Denken und Handeln jedes Einzelnen zu verändern und damit die gesamte Gesellschaft zu transformieren.« (DUK o. J. a)

Der Begriff der Nachhaltigkeit stammt ursprünglich aus der Forstwirtschaft, orientiert an dem Motto »Schlage nur so viel Holz, [...] wie nachwachsen kann!« (DUK o. J. b). Nachhaltige Entwicklung und Umweltfragen wurden erstmalig auf der UN-Konferenz 1992 in Rio de Janeiro gemeinsam diskutiert (vgl. Danninger / Schank 2010, 17). Die Agenda 21, die auf dieser Konferenz verabschiedet wurde, schreibt der Bildung eine besondere Bedeutung zum Erreichen einer nachhaltigen Entwicklung zu. Das Konzept der Bildung für nachhaltige Entwicklung hat sich dann konkret aus der Umweltbildung heraus entwickelt (vgl. Schrüfer / Schockemöhle 2012, 119f.).

Auf internationaler Ebene wurde von den Vereinten Nationen für die Jahre 2005 bis 2014 **die Weltdekade ›Bildung für nachhaltige Entwicklung‹** ausgerufen (vgl. KMK / BMZ / EG 2007, 17). Dabei wurde dazu aufgefordert, »[...] national und international durch entsprechende Bildungsaktivitäten die Ziele nachhaltiger Entwicklung zu unterstützen, um die Lebens- und Überlebensbedingungen für die jetzt lebenden und die zukünftigen Generationen zu sichern.« (KMK / BMZ / EG 2007, 17) Als Folgeprogramm wurde für die Jahre 2015–2019 das **Weltaktionsprogramm Bildung für nachhaltige Entwicklung** verabschiedet. Ziel ist es zum einen, BNE langfristig in die Bildungssysteme zu integrieren. Zum anderen soll auch die Bedeutung von Bildung im Rahmen einer nachhaltigen Entwicklung gestärkt werden (vgl. DUK o. J. a). Im Rahmen dieser beiden Programme ist der **Orientierungsrahmen für den Lernbereich Globale Entwicklung** entstanden und wird von der Kultusministerkonferenz (KMK) und dem Bundesministerium für wirtschaftliche Zusammenarbeit und Entwicklung (BMZ) herausgegeben. Dieses Handbuch stellt wichtige Hintergründe zur BNE dar und gibt Orientierung für die Unterrichtsplanung. Nach Fächern getrennt werden Hinweise zu Inhalten und Kompetenzen gegeben. Zudem wird die Lehrerbildung fokussiert. Der Orientierungsrahmen wurde erstmalig im Jahr 2007 veröffentlicht. Im Jahr 2016 wurde eine aktualisierte und erweiterte Fassung herausgegeben, die auch ein Kapitel zu den neuen Fremdsprachen enthält (vgl. KMK / BMZ / EG 2007; 2016).

Gemeinsamkeiten und Unterschiede: BNE und Globales Lernen

Die Unterschiede beider Konzepte liegen insbesondere in der Entstehungsgeschichte: Während sich BNE aus der Umweltbildung entwickelt hat und von der Politik aufgegriffen wurde, hat das Globale Lernen seine Ursprünge in der entwicklungsbezogenen Bildungsarbeit und wird insbesondere von Nichtregierungsorganisationen und sozialen Bewegungen getragen (vgl. Seitz 2007, 49; Danninger / Schank 2010, 12; Schrüfer / Schockemöhle 2012, 120). Trotz konzeptioneller Unterschiede kann man in der Praxis Globales Lernen und BNE kaum trennen (vgl. Danninger / Schank 2010, 12).

> *»Die Gemeinsamkeiten zwischen in der Umweltbildung verwurzelten BNE-Ansätzen und Globalem Lernen liegen in der Alternativlosigkeit, die der Stärkung von Bildung als transformative Kraft für gesellschaftliche Veränderungen, für die Erreichung der Sustainable Development Goals, die Abwendung globaler Krisen und die Sicherung der Zukunft beigemessen wird.«* (Schreiber 2017, 33)

Beide Konzepte beziehen sich insbesondere auf das Leitbild der nachhaltigen Entwicklung (s. Kap. **2.2. Wichtige Begriffe rund um das Globale Lernen**). Die Unterschiede der Ansätze zu kennen ist wichtig, dennoch sollten die Gemeinsamkeiten hervorgehoben und die gegenseitige Unterstützung genutzt werden. In dieser Handreichung wird zwar mit dem Begriff des Globalen Lernens gearbeitet, dabei wird jedoch ebenso auf die Literatur und auf Hinweise aus dem Feld der BNE zurückgegriffen.

2.2. Wichtige Begriffe rund um das Globale Lernen

Im Rahmen von Globalem Lernen spielt das **Leitbild der nachhaltigen Entwicklung** eine wichtige Rolle. So sollen die vier Zieldimensionen dieses Leitbildes (1. Soziale Gerechtigkeit, 2. Wirtschaftliche Leistungsfähigkeit, 3. Ökologische Verträglichkeit, 4. Demokratische Politikgestaltung) vor dem Hintergrund der kulturellen Vielfalt betrachtet werden (vgl. Schreiber 2017, 33). Im Rahmen des Leitbildes der nachhaltigen Entwicklung geht es darum, dass diese vier Dimensionen miteinander verbunden sind und eine nachhaltige Entwicklung nur möglich ist, wenn alle vier Dimensionen als »gleichermaßen wichtige vor einem globalen Horizont aufeinander abzustimmende Handlungsfelder« berücksichtigt werden, »in denen Betroffene und Akteure demokratische Möglichkeiten der Mitgestaltung erhalten.« (Schreiber 2017, 33f.) Daraus ergeben sich sogenannte Zielkonflikte, die in Abbildung 1 dargestellt werden. Das Leitbild kann also zur Analyse und Beurteilung dieser Zielkonflikte oder auch von Synergieeffekten aus unterschiedlichen Perspektiven dienen: »Das Leitbild der nachhaltigen Entwicklung ist [...] ein umfassender Orientierungsrahmen, der die Analyse und Urteilsfindung strukturiert, aber Bewertungen nicht vorbestimmt.« (Schreiber 2017, 34).

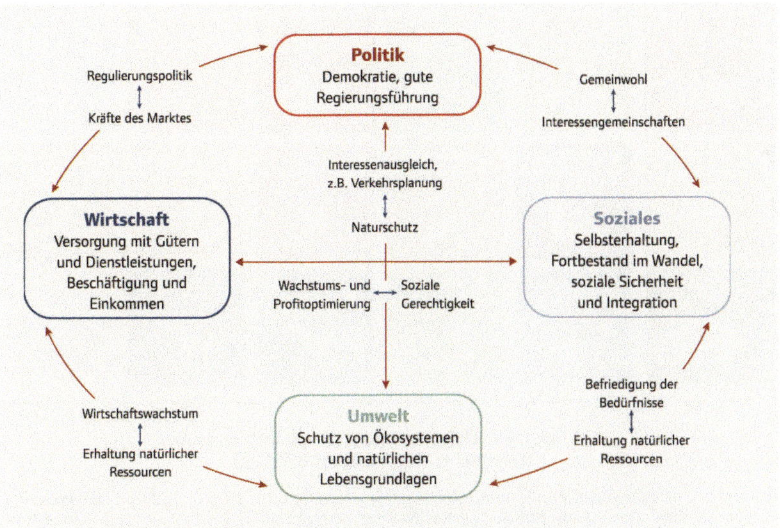

Abbildung 1: Zielkonflikte zwischen den Dimensionen des Leitbilds der nachhaltigen Entwicklung (KMK / BMZ / EG 2016, 41)

Weiterhin sind für eine nachhaltige Entwicklung die folgenden **vier Grundprinzipien** von hoher Bedeutung. Erstens wird im Rahmen der *Generationenverantwortung* der heutigen Generation die Verantwortung für die folgende Generation zugeschrieben, sodass ein Handeln in der Aktualität verpflichtend ist. Zweitens ist das *Kohärenzprinzip* zu nennen, das mit dem Leitbild der nachhaltigen Entwicklung verbunden ist, denn es sollen soziale, wirtschaftliche, politische und ökologische Ziele miteinander verknüpft werden. Drittens besagt das *Partizipationsprinzip*, dass die unterschiedlichen Akteure stärker in die Nachhaltigkeitsstrategien einbezogen werden sollen. Viertens wird auf die *Gemeinsame, aber unterschiedliche Verantwortung der Länder des Globalen Nordens und Südens*[2] hingewiesen (vgl. KMK / BMZ / EG 2016, 28).

Nachhaltige Entwicklung steht auch im Zentrum der von den Vereinten Nationen im Jahr 2015 verabschiedeten **Sustainable Development Goals** (SDGs) (Lang-Wojtasik / Natterer 2017, 375). Im Rahmen der SDGs wird das Ziel verfolgt, »[...] die Welt unter dem Aspekt der universalen Nachhaltigkeit auf einen robusten Weg zu bringen, der jedem Menschen, unabhängig von Status und Lebensort, ein Leben in Frieden und Freiheit ermöglicht.« (Lang-Wojtasik / Natterer 2017, 375) Dabei stehen alle Länder der Welt im Mittelpunkt, im Gegensatz zu den vorher formulierten MDGs, die vor allem auf den Globalen Süden fokussiert waren (vgl. Lang-Wojtasik/ Natterer 2017, 375).

Abbildung 2: Ziele für nachhaltige Entwicklung (Deutsche Welthungerhilfe o. J.)

2 Im Orientierungsrahmen werden die Begriffe ›Entwicklungsländer‹ und ›Industrieländer‹ verwendet, die eine ab- bzw. aufwertende Konnotation enthalten. Daher wurde hier eine sprachsensiblere Variante gewählt: »[Mit dem Globalen Süden] wird eine im globalen System benachteiligte gesellschaftliche, politische und ökonomische Position beschrieben. ›Globaler Norden‹ hingegen bestimmt eine mit Vorteilen bedachte, privilegierte Position. Die Einteilung verweist auf die global unterschiedliche Machtstellung und bezeichnet keine geografische Lage – so können Teile von Australien zum Globalen Norden gehören und Teile von Grönland zum Globalen Süden. Leider beobachten wir manchmal, dass ›Globaler Süden‹ nur als Synonym für z. B. ›Dritte Welt‹ benutzt wird und in den weiteren Erklärungen abwertende Zuschreibungen vorkommen.« (EPIZ 2015, 14)

Es wurden 17 Oberziele mit insgesamt 169 Feinzielen festgelegt, die bis 2030 erreicht werden sollen. (vgl. Lang-Wojtasik / Natterer 2017, 375). Hervorzuheben ist hierbei der Punkt 4.7, der explizit BNE benennt:

> *»Bis 2030 sicherstellen, dass alle Lernenden die notwendigen Kenntnisse und Qualifikationen zur Förderung nachhaltiger Entwicklung erwerben, unter anderem durch Bildung für nachhaltige Entwicklung und nachhaltige Lebensweisen, Menschenrechte, Geschlechtergleichstellung, eine Kultur des Friedens und der Gewaltlosigkeit, Weltbürgerschaft und die Wertschätzung kultureller Vielfalt und des Beitrags der Kultur zu nachhaltiger Entwicklung«* (Generalversammlung der Vereinten Nationen 2015, 18).

2.3. Kritik am Globalen Lernen aus postkolonialer Perspektive

Obwohl diese Handreichung dazu dient, das Globale Lernen präsenter zu machen und es in den Spanischunterricht zu integrieren, soll an dieser Stelle auch die Kritik am Globalen Lernen vorgestellt werden. Diese wird vor allem von VertreterInnen postkolonialer Theorien formuliert:

> *»Postkoloniale Studien beschäftigen sich mit den langfristigen politischen, sozialen, ökonomischen, kulturellen und psychologischen Nachwirkungen des Kolonialismus in unterschiedlichen wissenschaftlichen Disziplinen [...]. Gemeinsam sind ihnen die Zurückweisung und Dekonstruktion eurozentristischer Annahmen des Überlegenheits- und Universalitätsanspruchs der europäischen Moderne sowie die Kritik an der (Re-)Produktion kolonialer / imperialer Denkweisen und Praktiken.«* (Bechtum / Overwien 2017, 59)

Kritisiert wird beispielsweise die Einbettung des Globalen Lernens in staatliche Strukturen, aber auch die wenige Beachtung der Themen Kolonialismus und Rassismus (vgl. Scheunpflug 2017b, 327). Darüber hinaus wird der Entwicklungsbegriff kritisiert, genauer dessen »unkritische, eindimensionale und paternalistische Verwendung« (Scheunpflug 2017b, 327). Wie auch im interkulturellen Lernen gibt es Kritik daran, dass Kultur zum Teil als starres und homogenes Konzept präsentiert wird (vgl. Danielzik et al. 2013, 25ff.).

In Bezug auf das Globale Lernen haben Danielzik et al. (2013) des Berliner Vereins glokal e. V. eine Analyse von Bildungsmaterialien vorgenommen, in der verschiedene Aspekte untersucht wurden. Beispielhaft werden einige davon hier dargestellt[3]:

- **Das Verständnis von Entwicklung:** In der Mehrzahl der Materialien wurde Entwicklung direkt oder unterschwellig als ein gradliniger Prozess dargestellt, der von ›unterentwickelt‹ bis ›entwickelt‹ reicht. Dabei wird der Globale Norden als entwickelt und der Maßstab angesehen, wohingegen der Globale Süden – die ›Entwicklungsländer‹ – als unterentwickelt betrachtet wird. So wird Entwicklung teilweise auch als ›karitative Hilfe‹ verstanden.
- **Das Verständnis von Rassismus:** Tendenziell wird Rassismus auf Rechtsextremismus reduziert, der strukturelle[4] und gesellschaftliche Rassismus wird wenig thematisiert.
- **Umgang mit Kolonialismus:** Das Thema Kolonialismus wird wenig oder unzureichend thematisiert. So werden gegenwärtige Probleme nicht im Zusammenhang mit dem Kolonialismus behandelt oder es findet eine Verharmlosung der Gewalt statt.
- **Umgang mit Geschichte:** Die Sichtweise der Geschichtsschreibung wird nicht verdeutlicht, meistens liegt jedoch die westliche Geschichtsschreibung zugrunde. Dadurch wird der Eindruck vermittelt, dass Geschichtsschreibung ein objektiver Prozess sei.
- **Konstruktion von Subjekten:** Menschen des Globalen Südens haben in den Materialien wenig Möglichkeiten, ihre Perspektive darzustellen. Stattdessen werden der Globale Süden und Personen aus Sichtweise des Globalen Nordens dargestellt. Menschen aus dem Globalen Süden werden somit zu Objekten. Dadurch wird aus einer dominanten Perspektive erzählt und es besteht die Gefahr, dass das eurozentristische Wissen weitergegeben wird (vgl. Danielzik et al. 2013, 20ff.).

Auf diese Kritik ist eine Gegenkritik entstanden, die beispielweise bemängelt, dass das Globale Lernen als Ganzes kritisiert und nicht deutlich werde, ob das analysierte Material repräsentativ sei (vgl. Scheunpflug 2017b, 328). Bei der von glokal e. V. durchgeführten Studie seien ›qualitativ hochwertige Materialien zum Globalen Lernen‹ z. B. nicht berücksichtigt worden. Zudem werde die Kritik auf einer sehr abstrakten Ebene angebracht und es fehlen praktische Umsetzungsbeispiele (vgl. Bechtum / Overwien 2017, 79f.).

3 Die weiteren Aspekte, die in dieser Analyse untersucht wurden, sind die angesprochene Zielgruppe und die vorgestellten Handlungsoptionen (vgl. Danielzik et al. 2013, 41ff.).

4 »Zentral geht es bei institutionellem und strukturellem Rassismus um Barrieren und Zugänge zu gesellschaftlichen Gütern und Ressourcen (im Sinne von Bildung, Arbeit, Gesundheit, Rechte etc.). Während *Menschen of Color* diese (oft) verwehrt bleiben, profitierten Angehörige der weißen Mehrheitsgesellschaft – oftmals ohne es zu merken – von diesem gesellschaftlichen Umstand.« (Bundeszentrale für Politische Bildung 2014)

Die postkolonialen Perspektiven sind teilweise in die Neuveröffentlichung des Orientierungsrahmens für den Lernbereich Globale Entwicklung eingeflossen, z. B. indem der Verein glokal e. V. beteiligt war (vgl. Bechtum / Overwien 2017, 77):

> *»Dieses Beispiel verdeutlicht, dass Globales Lernen und postkoloniale Theorie einander wechselseitig inspirieren können und eine kritische Diskussion zwischen beiden Perspektiven vielfältige Potentiale für die praktische Bildungsarbeit, aber auch für gesellschaftliche Verbreitung postkolonialer Theorieansätze [...] eröffnet.«* (Bechtum / Overwien 2017, 77f.)

Als mögliche Bereiche, in denen Globales Lernen Anregungen aus den Ansätzen der postkolonialen Theorien berücksichtigen kann, nennen Bechtum / Overwien (2017, 78ff.) die verstärkte Berücksichtigung rassismuskritischer Arbeit sowie die Reflexion über den eigenen Ethnozentrismus. Für die Unterrichtspraxis ist diese Kritik wichtig, damit man als Lehrkraft z. B. immer wieder über sein eigenes Handeln und die Materialauswahl nachdenkt. Daher sollten Ansätze wie das Globale Lernen bereits in die Lehramtsausbildung integriert werden.

Literaturtipps zur Berücksichtigung postkolonialer Perspektiven in der Unterrichtsgestaltung

- Zur Unterstützung des Reflexionsprozesses für die Unterrichtsgestaltung wurden vom Entwicklungspolitischen Bildungs- und Informationszentrum (EPIZ) in Berlin Fragen zusammengestellt: *http://www.epiz-berlin.de/publications/handbuch-gl-fu%cc%88r-referent_innen/*, Seite 14ff.
- Als weitere Möglichkeit gibt es aufbauend auf die Materialanalyse von glokal e. V. eine ›Praxishilfe zur postkolonialen Analyse von entwicklungspolitischen Bildungsmaterialien‹. Diese ist im Anhang der Materialanalyse zu finden und kostenlos im Internet zugänglich: *https://www.glokal.org/wp-content/uploads/2018/03/Glokal-e-V_Bildung-fuer-nachhaltige-Ungleichheit_Barrierefrei-Illustrationen-26-03-2013.pdf*.
- Für die weiterführende Lektüre wird zudem das Werkheft ›Postkoloniale Perspektiven und pädagogische Praxis‹ des EPIZ empfohlen, das ebenfalls im Internet kostenlos zur Verfügung steht: *http://www.epiz-berlin.de/publications/werkheft-postkoloniale-perspektiven-und-paedagogische-praxis/*.

3. Anknüpfungspunkte für Globales Lernen im Spanischunterricht

Nachfolgend werden die Anknüpfungspunkte auf Inhalts- und Kompetenzebene für Globales Lernen im Spanischunterricht dargestellt. Dabei wird auf das in der zweiten Auflage des Orientierungsrahmens für den Lernbereich Globale Entwicklung 2016 hinzugefügte Kapitel zu den Neuen Fremdsprachen zurückgegriffen. In diesem werden zum einen Themen und Kompetenzen formuliert, zum anderen ein konkretes Unterrichtsbeispiel für den Englischunterricht vorgestellt.

3.1. Inhalte des Globalen Lernens im Spanischunterricht

Mit 23 spanischsprachigen Ländern weltweit bietet der Spanischunterricht eine sehr große Themenauswahl. Es wird deutlich: Der Großteil der Themen überschneidet sich mit den Themen, die im Rahmen von Globalem Lernen behandelt werden. Im Orientierungsrahmen sind 21 Themenbereiche festgelegt, die zwar nicht als abgeschlossene Liste, aber als Orientierung zu verstehen sind. Nachfolgend werden einige Abiturthemen bzw. Themen der Lehrpläne der Bundesländer für die Sek. II diesen 21 Themenbereichen zugeordnet.

Themenbereich Orientierungsrahmen	**Beispiele anhand der Abiturthemen / Lehrpläne der Bundesländer**
1. Vielfalt der Werte, Kulturen und Lebensverhältnisse: Diversität und Inklusion	• *Chile, sociedad y cultura* (NW) • *La convivencia de distintas culturas, etnias, capas sociales y religiones en América Latina y España* (BE / BB / MV)
2. Globalisierung religiöser und ethischer Leitbilder	• *La convivencia de culturas en Andalucía* (NW) • Rolle von Kirche und / oder Militär (BY) • *La iglesia en Hispanoamérica* (RP) • *Roles de género* (SA)
3. Geschichte der Globalisierung: vom Kolonialismus zum Global Village	• Wichtige Etappen der hispanoamerikanischen Geschichte: präkolumbische Hochkulturen; Kolonialisierung; Unabhängigkeit und Staatenbildung; wechselnde Regierungsformen (Demokratie, Diktatur) (BY) • *Culturas precolombinas, colonización y la lucha por la independencia en Hispanoamérica* (SA) • Überblick von der Kolonisierung über die Rückeroberung bis zur Gegenwart (TH) • Praxis und Auswirkung der Kolonialisierung (Verelendung, Kinderarbeit, u. a.), Unabhängigkeitsbewegung, Streben nach nationaler und kultureller Identität (SN)
4. Waren aus aller Welt: Produktion, Handel und Konsum	• México: Politik und Wirtschaft (*exportación, maquiladora*) (HB)

5. Landwirtschaft und Ernährung	• *Economía:* Rolle der Landwirtschaft (SN)
6. Gesundheit und Krankheit	• *Ciencias: la medicina moderna – ¿un bien o una maldición?* (SL)
7. Bildung	• Bildungswesen in Spanien sowie ggf. in einem hispanoamerikanischen Land (BY) • *La educación indígena en Guatemala* (HH)
8. Globalisierte Freizeit	• Junge Menschen: Lebensstil, Ausbildung und Zukunftsperspektiven (BY) • *Ser joven en España y Latinoamérica* (HE) • Probleme der Jugend, Kulturvergleich (TH)
9. Schutz und Nutzung natürlicher Ressourcen und Energiegewinnung	• Film *También la lluvia* (BW) • *El agua: El Tribunal de las Aguas en Valencia y su importancia actual* (RP) • *Medio ambiente:* Rolle der multinationalen Konzerne, Überfischung der Weltmeere, Abholzung der Urwälder, Ausbeutung der Bodenschätze, *éxodo rural* (SN) • *Política del medio ambiente:* Engagement für Umweltschutz, Auswirkungen der Monokulturen (SN) • *Medio ambiente: Polución, energía, cambio climático* (SL)
10. Chancen und Gefahren des technologischen Fortschritts	• *Nuevas tecnologías y sus consecuencias:* Genmanipulation; Konsequenzen der Technologisierung; Entstehung und Rationalisierung von Arbeitsplätzen, Aussterben von Berufszweigen (SN) • *Ingeniería genética* (SL)
11. Globale Umweltveränderungen	• *Las diversas caras del turismo en España* (NW) / *Turismo y ecología* (SA) • Umweltprobleme und Lösungswege; ggf. Umweltbewusstsein im Vergleich: Deutschland vs. Spanien bzw. Hispanoamerika (BY) • *La naturaleza* (HE)
12. Mobilität, Stadtentwicklung und Verkehr	• Metrópolis (HE) / *Metrópolis: problemas y perspectivas* (SA) • *Madrid – facetas de una metrópoli* (SH) • *Medios de transporte* (RP)
13. Globalisierung von Wirtschaft und Arbeit	• Arbeitswelt und Wirtschaftsbereiche, z. B. Landwirtschaft, Industrie und Tourismus (BY) • *El mundo laboral* (HE) • *Juventud en movimiento:* Bekämpfung der Jugendarbeitslosigkeit (HH)
14. Demografische Strukturen und Entwicklungen	• Wichtige aktuelle Entwicklungen und Ereignisse, z. B. sozialer Strukturwandel (BY) • *Cambios sociales y multiculturalidad* (SA)
15. Armut und soziale Sicherheit	• *El desafío de la pobreza infantil en Latinoamérica* (NW) • *México:* Gesellschaft und mexikanische Identität (*ricos y pobres*) (HB)
16. Frieden und Konflikt	• *México:* geschichtliche Hintergründe (*guerra con EE.UU. e independencia, la Revolución Mexicana, Zapatistas, PRI*) (HB) • *La guerra civil en Guatemala* (HH) • *El terrorismo* (RP)
17. Migration und Integration	• *España, país de inmigración y emigración* (NW) / *Inmigración y emigración* (BE / BB / MV)
18. Politische Herrschaft, Demokratie und Menschenrechte	• *Desarrollos sociales, políticos y económicos en Latinoamérica en la actualidad* (BE / BB / MV) • *Opresión y emancipación – Caminos hacia la democracia* (NI)

19. Entwicklungszusammenarbeit und ihre Institutionen	• *Campos de trabajo (workcamps) en España e Hispanoamérica* (RP)
20. Global Governance – Weltordnungspolitik	• Beziehungen Hispanoamerikas zu Deutschland, Europa und den USA (BY) • Spanische und EU-Flüchtlings- und Asylpolitik (HB) • *México: el Tratado de Libre Comercio con EE.UU. y Canadá* (NAFTA) (HB)
21. Kommunikation im globalen Kontext	• *El bilingüismo como faceta de la sociedad española* (NW) • Medien: Presselandschaft, elektronische Medien, Fernsehen, ggf. Rundfunk (BY) • *El manejo de los medios y entrenamiento* (HE) / *El mundo de los medios de comunicación* (SA) • *El español en el mundo* (HE)

Tabelle 1: Themenbereiche für Globales Lernen im Spanischunterricht
(Erstellt von Mara Büter, nach KMK / BMZ / EG 2016, 97 und den Abiturvorgaben / Lehrpläne der Bundesländer für die Sek. II; Stand 2017)

BW	Baden-Württemberg	HH	Hamburg	RP	Rheinland-Pfalz
BY	Bayern	HE	Hessen	SL	Saarland
BE	Berlin	MV	Mecklenburg-Vorpommern	SN	Sachsen
BB	Brandenburg	NI	Niedersachsen	ST	Sachsen-Anhalt
HB	Bremen	NW	Nordrhein-Westfalen	SH	Schleswig-Holstein
				TH	Thüringen

Bei dieser Übersicht ist zum einen zu beachten, dass es sich um eine exemplarische Auswahl handelt, d. h. nicht jedes Abiturthema jedes Bundeslandes lässt sich hier wiederfinden, u. a. da es Doppelungen gibt. Zum anderen können die meisten Abiturthemen je nach der konkreten Fokussierung im Unterricht auch mehreren Themenbereichen zugeordnet werden. Beispielsweise kann das Thema *Chile, sociedad y cultura* insbesondere dem Themenbereich ›Vielfalt der Werte, Kulturen und Lebensverhältnisse‹ zugeordnet werden. Wenn der Fokus im Rahmen des Unterrichtsvorhabens beispielsweise auf die Militärdiktatur Chiles gelegt wird, würde auch eine Zuordnung zu den Themenbereichen ›Frieden und Konflikt‹ oder ›Politische Herrschaft, Demokratie, Menschenrechte‹ in Frage kommen.

Auch wenn diese Tabelle sich aktuell auf die Sek. II bezieht, ist Globales Lernen auch durchaus in der Sek. I möglich. Hier besteht allerdings noch Handlungsbedarf in Bezug auf Methoden und Material.

Da Globales Lernen eine Querschnittsaufgabe aller Fächer ist, sollte ein an diesem Prinzip ausgerichteter Unterricht interdisziplinär bzw. überfachlich angelegt werden. Da dies im aktuellen Schulsystem nicht immer einfach umzusetzen ist, eignet sich aber der bilinguale Sachfachunterricht[5]:

5 Ein Umsetzungsbeispiel zum interdisziplinären Unterricht, der am Globalen Lernen bzw. BNE orientiert ist und exemplarisch die Fächer Spanisch und Geographie berücksichtigt, findet sich in Büter / Weitekamp (erscheint 2018).

»[Er eröffnet] [...] den Zugang zu global issues, denn Themenkomplexe zu ökologischen und ökonomischen Inhalten lassen sich häufig fächerübergreifend erschließen [...].« (Lütge 2012, 5)

Das in den Fremdsprachen bekannte europäische Konzept des *Content and Language Integrated Learning* (CLIL) bietet auch Anknüpfungspunkte für Globales Lernen. Bei beiden Konzepten handelt es sich um einen idealistischen und fächerübergreifenden Bildungsansatz, der auch das interkulturelle Lernen berücksichtigt. Im CLIL-Konzept hingegen sind die Themen jedoch nicht so klar umrissen wie im Globalen Lernen. Dahingegen wird bei CLIL ein Fokus auf Sprache und Kommunikation gelegt, der im Globalen Lernen für den Fremdsprachenunterricht noch fehlt (vgl. Viebrock 2015, 50).

3.2. Fachspezifische und übergreifende Kompetenzen des Globalen Lernens

Die Diskussion um die Kompetenzorientierung hat auch im Globalen Lernen Einzug erhalten. Im Rahmen des Globalen Lernens sollen Kompetenzen »[...] im Umgang mit weltgesellschaftlicher Komplexität und die Befähigung zur Gestaltung einer nachhaltigen bzw. zukunftsfähigen Gesellschaft« (Asbrand / Martens 2017, 161) erworben werden. Vergleicht man diese Zielsetzung mit der des Fremdsprachenunterrichts, der »[...] zu einer bewussten Lebensgestaltung und zur gesellschaftlichen Teilhabe junger Erwachsener sowie deren Handlungsfähigkeit im internationalen Kontext bei [trägt]« (KMK 2012,11), so werden bereits erste Parallelen deutlich. Diese werden nachfolgend auf Basis eines Kompetenzkonzeptes des Globalen Lernens vorgestellt.

Im Orientierungsrahmen für den Lernbereich Globale Entwicklung wurde ein Kompetenzkonzept entwickelt, das sich in die Bereiche *Erkennen*, *Bewerten* und *Handeln* gliedert. Insgesamt werden 11 Kernkompetenzen formuliert, die dann fachspezifisch ausdifferenziert werden. Für den Fremdsprachenunterricht haben Becker et al. diese im Orientierungsrahmen erläutert:

- *»Erkennen: Was man über Sprachen wissen sollte und wie man sie für den Wissenserwerb einsetzt.*
- *Bewerten: Was Sprachen mit den Menschen tun.*
- *Handeln: Was Menschen mit Sprachen tun können.«* (Becker et al. 2016, 158)

Im Anschluss finden sich exemplarisch aus jedem der drei Kompetenzbereiche einige Kernkompetenzen mit den dazugehörigen fachspezifischen Kompetenzen dargestellt.

Die Schülerinnen und Schüler können ...

Kernkompetenzen	Fachbezogene Kompetenzen
Erkennen	
1. Informationsbeschaffung und -verarbeitung ... sich Informationen zu Fragen der Globalisierung und Entwicklung beschaffen und themenbezogen verarbeiten.	1.1. ... sich gezielt auf unterschiedliche Weise (Bibliothek, Internet, Archiv) fremdsprachliche Informationen zum Thema beschaffen. 1.2. ... unter Anwendung der erworbenen sprachlichen Fertigkeiten (Leseverstehen, Hörverstehen, Mediation) Informationen zum Thema erschließen. 1.3. ... unterschiedliche fremdsprachliche Texte (Sachtexte, literarische Texte, Cartoons, Tabellen) themenbezogen nutzen. 1.4. ... sozialwissenschaftliche, politische, ökologische ... Denkweisen erkennen und bei der Bearbeitung von Themen heranziehen.
3. Analyse des globalen Wandels ... Globalisierungs- und Entwicklungsprozesse mithilfe des Leitbilds der nachhaltigen Entwicklung fachlich analysieren.	3.1. ... den Wandel der Lebensverhältnisse mithilfe der Zielsprache als nachhaltig / nicht nachhaltig erkennen und beschreiben. 3.2. ... Globalisierungs- und Entwicklungsprozesse vor dem Hintergrund des Leitbilds der nachhaltigen Entwicklung in der Fremdsprache analysieren. 3.3. ... die Entwicklung und Verbreitung von Sprachen im Globalisierungsprozess beobachten und Veränderungen erkennen.
Bewerten	
5. Perspektivenwechsel und Empathie ... sich eigene und fremde Wertorientierungen in ihrer Bedeutung für die Lebensgestaltung bewusst machen, würdigen und reflektieren.	5.1. ... eigene und fremde Wertorientierungen in ihrer sprachlichen Ausdrucksform reflektieren. 5.2. ... sich den Erwerb anderer Sprachen als Bereicherung in Bezug auf interkulturelles Verstehen und transkulturelle Verständigung bewusst machen. 5.3. ... eurozentristisches Weltverständnis reflektieren. 5.4. ... unterschiedliche Wertvorstellungen bewusst wahrnehmen und respektvoll bewerten. 5.5. ... kulturelle Vielfalt als Wert anerkennen und begründen.
Handeln	
8. Solidarität und Mitverantwortung ... Bereiche persönlicher Mitverantwortung für Mensch und Umwelt erkennen und als Herausforderung annehmen.	8.1. ... Möglichkeiten der Teilnahme an internationalen Aktionen zur Stärkung der nachhaltigen Entwicklung im Medium der Fremdsprache erkennen und wahrnehmen. 8.2. ... Solidarität und Mitverantwortung für nachhaltige Entwicklungsprozesse in der Fremdsprache artikulieren.
11. Partizipation und Mitgestaltung Die Schülerinnen und Schüler können und sind aufgrund ihrer mündigen Entscheidung bereit, Ziele der nachhaltigen Entwicklung im privaten, schulischen und beruflichen Bereich zu verfolgen und sich an ihrer Umsetzung auf gesellschaftlicher und politischer Ebene zu beteiligen.	11.1. ... in der Fremdsprache Aktionen zur Lösung von Umwelt- und gesellschaftlichen Problemen vorschlagen und sich daran aktiv beteiligen. 11.2. ... in einer Fremdsprache darstellen, was in der Schule sowie in religiösen Gemeinschaften oder Gruppen gemeinsamer Interessen für das Ziel einer zukunftsfähigen Entwicklung getan werden kann und sollte.

Tabelle 2: Auszüge aus den fachbezogenen Teilkompetenzen der neuen Fremdsprachen für den Mittleren Schulabschluss, bezogen auf die Kernkompetenzen des Lernbereichs Globale Entwicklung (Becker et al. 2016, 159ff.)

Einige dieser Kompetenzen kennen wir bereits aus dem Spanischunterricht: Im Bereich ›Erkennen‹ überschneidet sich beispielsweise die Kernkompetenz Nr. 1 ›Informationsbeschaffung und -verarbeitung‹ stark mit der Text- und Medienkompetenz der Bildungsstandards. Dahingegen ist Kompetenz Nr. 3 ›Analyse des globalen Wandels‹ bisher nicht direkt im Spanischunterricht verankert. Für die Analyse soll auf das Leitbild der nachhaltigen Entwicklung zurückgegriffen werden.

Aktuell wird im Spanischunterricht den interkulturellen kommunikativen Kompetenzen ein hoher Stellenwert beigemessen. Im Fokus stehen hierbei z. B. Perspektivwechsel und Empathie (vgl. KMK 2012, 19). Auch im Globalen Lernen haben diese eine zentrale Bedeutung. Beispielsweise ist im Kompetenzkonzept des Orientierungsrahmens eine Teilkompetenz des Bewertens genauso betitelt: ›5. Perspektivenwechsel und Empathie‹ (vgl. Becker et al. 2016, 160). Aus fachdidaktischer und erziehungswissenschaftlicher Perspektive wird Globales Lernen teilweise sogar als Weiterentwicklung des Interkulturellen Lernens gesehen (vgl. z. B. Scheunpflug 2017a, 142; Vences 2017, 7). Die gegenseitigen Beeinflussungen dieser beiden Konzepte stellen Danninger / Schank treffend dar:

> *»Die Achtung einer anderen Kultur und der Dialog mit anderen kulturellen Vorstellungen und Traditionen, die zur Reflektion (sic!) der eigenen Kultur und Identität anregen und zur Persönlichkeitsbildung beitragen, sind zugleich Voraussetzung für die Bewältigung interkultureller Situationen, demokratisches Handeln, den bewussten Umgang mit Menschenrechten und die Neugier auf Neues.«* (Danninger / Schank 2010, 39)

Im Rahmen des interkulturellen Lernens wird insbesondere auf die Bereicherung durch den Einsatz von literarischen Texten zur Anregung eines Perspektivwechsels hingewiesen (vgl. Nünning / Surkamp 2006, 28). Dies kann beispielsweise durch das Füllen von Leerstellen im Text, das Umschreiben des Textes in eine andere Textsorte oder Perspektive oder Rollenspiele geschehen (vgl. Rössler 2007, 84). Da der Perspektivwechsel auch im Globalen Lernen eine wichtige Rolle spielt, kann und sollte das Potential der literarischen Texte auch in diesem Rahmen explizit genutzt werden, beispielsweise in Form von Kurzgeschichten zu Menschenrechten oder *fictions of migration* (vgl. Lütge 2012, 5).

Der Kompetenzbereich *Handeln* scheint hingegen rein wörtlich gesehen bekannt, wenn z. B. an den handlungs- und produktionsorientierten Unterricht gedacht wird. Das Handeln im Sinne des Globalen Lernens geht aber darüber hinaus, d. h. es soll ein reales Handeln in der Gesellschaft ermöglicht werden:

> *»Das Bildungsziel ›Handeln‹ weist weit über Unterricht hinaus und fordert dazu auf, die Zukunft im Sinne der Nachhaltigkeit*

> *aktiv mitzugestalten [...]. Daher sollen die Lernenden im Rahmen von Unterricht, aber auch durch außerunterrichtliche Aktivitäten Kompetenzen für eine zukunftsfähige Gestaltung des privaten und beruflichen Lebens sowie für gesellschaftliche Mitwirkung und Mitverantwortung erwerben.«* (Vences 2017, 6)

Hierbei steht immer das Motto im Mittelpunkt: Global denken – lokal handeln. Um das Handeln anzuregen, wird im Globalen Lernen u. a. auf den Einbezug von außerschulischen Lernorten verwiesen (vgl. Schrüfer / Schockemöhle 2012, 127).

Abschließend wird darauf hingewiesen, dass das Kompetenzmodell des Orientierungsrahmens nicht theoretisch oder empirisch abgesichert ist. Eine Operationalisierung scheint schwer möglich, da die Kompetenzen komplex (vgl. Asbrand / Scheunpflug 2014, 404) sind und »[...] Lerntheorien zu den spezifischen Lernprozessen im Blick auf weltgesellschaftliche Komplexität bisher erst in Ansätzen entwickelt sind.« (Asbrand / Scheunpflug 2014, 405)

4. (Spanisch-)Unterricht im Rahmen von Globalem Lernen

Die Integration von Globalem Lernen in den (Spanisch-)Unterricht bedeutet nicht nur eine Orientierung an bestimmten Themen und Kompetenzen, sondern auch eine Orientierung an bestimmten Unterrichtsprinzipien und Methoden:

> *»Aufgrund der zunehmenden und sich ständig aktualisierenden globalen Wissensmenge ist es schwer möglich, auf allen Gebieten ein umfassendes Grund- oder gar vertieftes Wissen zu erwerben. Curricula und Didaktik nehmen daher die neue Tendenz auf, sich verstärkt auf Schlüssel- oder Kernprobleme zu konzentrieren. Dazu gehört ein Unterricht, der mehr als bisher von Selbstbestimmung und Selbststeuerung durch die Lernenden charakterisiert wird und so zur Stärkung von Selbständigkeit, Verantwortung, Eigenmotivation und Handlungskompetenz beiträgt.«* (Danninger/ Schank 2010, 42)

Nachfolgend werden konkrete Tipps zur Unterrichtsplanung und Methoden vorgestellt sowie ein Überblick über bereits existierendes Material zum Globalen Lernen im Spanischunterricht gegeben.

4.1. Unterrichtsplanung und -gestaltung im Rahmen von Globalem Lernen

Um Anregungen zur Unterrichtsplanung zu geben, werden an dieser Stelle das Planungsraster des Orientierungsrahmens für Globale Entwicklung (s. Abbildung 3) sowie weitergehende Hinweise zur Unterrichtsgestaltung vorgestellt.

Abbildung 3: Kompetenzen und Themen des Lernbereichs Globale Entwicklung (KMK / BMZ / EG 2016, 99; Abkürzungen wurden weitestgehend ausgeschrieben)

Themenbereiche	Kompetenzen: Erkennen				Bewerten			Handeln			
	1. Infobeschaffung und -verarbeitung	2. Erkennen von Vielfalt	3. Analyse des globalen Wandels	4. Unterscheidung von Handlungsebenen	5. Perspektivwechsel und Empathie	6. Kritische Reflexion und Stellungnahme	7. Beurteilung von Entwicklungsmaßnahmen	8. Solidarität und Mitverantwortung	9. Verständigung und Konfliktlösung	10. Handlungsfähigkeit im globalen Wandel	11. Partizipation und Mitgestaltung
1. Vielfalt der Werte, Kulturen u. Lebensverhältnisse											
2. Globalisierung religiöser und ethischer Leitbilder											
3. Vom Kolonialismus zum Global Village											
4. Waren aus aller Welt: Produktion, Handel und Konsum											
5. Landwirtschaft und Ernährung											
6. Gesundheit und Krankheit											
7. Bildung											
8. Globalisierte Freizeit											
9. Schutz u. Nutzung natürlicher Ressourcen u. Energiegewinnung											
10. Chancen und Gefahren des technologischen Fortschritts											
11. Globale Umweltveränderungen											
12. Mobilität, Stadtentwicklung und Verkehr											
13. Globalisierung von Wirtschaft und Arbeit											
14. Demografische Strukturen und Entwicklungen											
15. Armut und soziale Sicherheit											
16. Frieden und Konflikt											
17. Migration und Integration											
18. Politische Herrschaft, Demokratie, Menschenrechte											
19. Entwicklungszusammenarbeit und ihre Institutionen											
20. Global Governance – Weltordnungspolitik											
21. Kommunikation im globalen Kontext											

Für die konkrete Stundenplanung kann man als Lehrkraft nun zunächst prüfen, zu welchen Themenbereichen das aktuelle Thema gehört. Dann sollte geprüft werden, welche Kompetenzen gefördert werden (können). Zur graphischen Übersicht kann ein Kreuzchen in den Themenbereichen und Kompetenzen gesetzt werden, die in der Stunde konkret behandelt bzw. gefördert werden sollen. Besonders geeignet ist dieses Raster jedoch für die Reihen- und Jahresplanung. Dabei sollte darauf geachtet werden, dass möglichst alle Kompetenzen berücksichtigt werden. Wichtig ist hier insbesondere die Kompetenz des Handelns (s. Kapitel **3.2. Fachspezifische und übergreifende Kompetenzen**). Weiterhin kann dieses Raster auch zur Analyse und Weiterentwicklung von bereits existierendem Unterrichtsmaterial verwendet werden. So kann beispielsweise die fehlende Berücksichtigung bestimmter Kompetenzen festgestellt und daraufhin das Material angepasst werden. Gerade in der Oberstufe ist man thematisch aufgrund der Abiturvorgaben zwar oft beschränkt, jedoch gibt diese Tabelle noch einmal Anregungen, die Themen auch aus verschiedenen Blickwinkeln zu betrachten. Wird beispielsweise im Rahmen des Abiturthemas *Chile: sociedad y cultura* die aktuelle Situation der indigenen Bevölkerung der Mapuche behandelt, so kann dies viele Facetten umfassen, z. B. kann die Religion, das Leben in der Stadt und auf dem Land, aber auch das Thema Menschenrechte behandelt werden.

Um alle drei Kompetenzbereiche zu berücksichtigen, eignen sich die Aufgabenstellungen von Ursula Vences als Unterstützung für den Einsatz im Spanischunterricht:

Erkennen

- Infórmate sobre el tema X en la otra cultura / país, región etc. / Toma nota de la situación de X en la otra cultura / país, región etc.
- Saca / Busca también información sobre X en tu propio país / ciudad / entorno / vida diaria / vida personal, etc.
- Nombra aspectos comunes parecidos y diferencia posibles conflictos acerca de X.

Bewerten

- Compara los fenómenos en ambos países describiendo los respectivos resultados / consecuencias positivas y negativas para la gente.
- Busca razones (históricas, sociales etc.) que puedan explicar [la situación acual] [...].
- [...] Reacciona ante las situaciones / fenómenos descritos.
- Da tu opinión acerca de las situaciones / fenómenos descritos. Busca argumentos a favor o en contra de las actividades (las soluciones) propuestas.

Handeln

- Reflexiona sobre / piensa en posibles medidas de cambio.
- En qué medida el tratamiento del tema ha contribuido a un cambio en tus ideas. Explícalo.
- ¿Qué podría hacer cada uno de nosotros – qué podrías hacer tú personalmente – para contribuir a un cambio de rumbo hacia una mayor sostenibilidad?
- ¿Qué posibilidades hay de colaborar (contactar) con entidades comprometidas en el desarrollo sostenible? Busca esos contactos.

(Vences 2017, 6)

Abschließend sollen noch allgemeine Hinweise zur Unterrichtsgestaltung im Rahmen des Globalen Lernens gegeben werden. Eine zentrale Komponente in der Unterrichtsgestaltung, die sich am Globalen Lernen orientiert, ist die »echte Mitwirkung der Schülerinnen und Schüler« (Schrüfer / Schockemöhle 2012, 124). Es wird empfohlen, einen offenen und handlungsorientierten Unterricht durchzuführen, in dem die Sozialformen (Einzel-, Partner-, Gruppenarbeit und Plenum) variieren. In einem handlungsorientierten Unterricht steht ein authentisches Problem im Zentrum, welches die Lernenden unter Rückbezug unterschiedlicher Arbeitsweisen und -techniken bearbeiten (vgl. Schrüfer / Schockemöhle 2012, 125). Daher wird im Rahmen des Globalen Lernens auf den Einsatz kooperativer Lernformen hingewiesen (vgl. z. B. Danninger / Schank 2010, 30). Think-Pair-Share, Gruppenpuzzle oder Placemat sind sehr bekannte Methoden. Hinweise zum Kooperativen Lernen im Spanischunterricht finden sich in:

Der fremdsprachliche Unterricht Spanisch (Hg.) (2014): *Kooperatives Lernen.* Heft 44.

Lüning, Marita (2008): ›Kooperatives Lernen‹. In: Lüning, Marita / Rössler, Andrea / Sommerfeldt, Kathrin / Strickstrack-García, Roswitha / Vences Ursula / Wlasak-Feik, Christine (Hg.): *Prinzipien und Methoden des Spanischunterrichts.* Seelze: Friedrich-Verlag, S. 135–140.

Um nicht nur die kognitive Ebene, sondern auch die affektive Ebene der Lernenden zu erreichen, ist es wichtig, auch außerschulische Lernorte einzubeziehen. Als Beispiele kennt man im Fremdsprachenunterricht oft einen Theater- oder Kinobesuch. Im Rahmen des Globalen Lernens können diese natürlich auch genutzt werden, aber auch Orte, die zum nachhaltigen Handeln in einer globalisierten Welt anregen können wie z. B. Eine-Welt-Läden oder Gemeinschaftsgärten. Außerdem können Lehrkräfte auch mit lokalen Organisationen kooperieren (vgl. Schrüfer / Schockemöhle 2012, 127). Gerade im Bereich Globales Lernen haben Nichtregierungsorganisationen viel Erfahrung und können diese in den (Spanisch-)Unterricht einbringen.

Wichtig sind bei der Unterrichtsgestaltung auch die ›kleinen‹ Dinge. So sollte die Lehrkraft stets als Vorbild handeln, indem sie ein demokratisches Handeln vorlebt und im Umgang miteinander fördert. Beispielsweise können die Lernenden sowohl bei der Themen- als auch bei der Methodenauswahl beteiligt werden. Damit einhergehend ist auch die Stärkung der Lernerautonomie zu nennen, damit die Lernenden angeleitet werden, die Verantwortung für ihren eigenen Lernprozess zu übernehmen. Auch der individuellen Förderung und Differenzierung kommt somit eine wichtige Rolle zu (vgl. Koch / Yilmaz 2017, 25f.).

Hervorzuheben ist zudem die Reflexionsfähigkeit. So sollte zum einen eine konstruktive Feedback-Kultur etabliert werden (vgl. Koch / Yilmaz 2017, 26), zum anderen die Selbstreflexion gefördert werden: »[D]as Nachdenken über das eigene Denken und Verhalten, soll vernetztes Denken, soziales und ökologisches Verhalten zu erlernen fördern.« (Danninger / Schank 2010, 30)

4.2. Methoden des Globalen Lernens im Spanischunterricht

Die Hinweise zur Unterrichtsgestaltung im Rahmen des Globalen Lernens haben schon erste Ideen zur methodischen Gestaltung gegeben, wie z. B. den Einbezug kooperativer Lernformen: »[...] [D]ie Entwicklung von Partizipations- und Kooperationskompetenz [setzt] aber selbst das Vorhandensein partizipativer Lernumgebungen voraus, in denen eigene Erfahrungen gemacht werden können, die für das Individuum von Relevanz sind und die als ernsthafte Aufgaben betrachtet werden.« (Rieckmann / Stoltenberg 2011, 129)

Auch die Verwendung theaterpädagogischer Methoden wird in diesem Zusammenhang empfohlen (vgl. Koch / Yilmaz 2017, 27). Wichtig sind zudem Methoden, die einen Perspektivwechsel der Lernenden anregen. Zudem sollten Methoden verwendet werden, die die Entwicklung von eigenen Wertvorstellungen und Perspektiven fördern sowie die Schülerinnen und Schüler unterstützen, »[...] gleichzeitig Standpunkten und Ausdrucksweisen mit Respekt zu begegnen, die ihnen selbst fremd sind.« (Danninger / Schank 2010, 30)

Wie diese Ziele umgesetzt werden können, sollen die folgenden exemplarischen Methoden- und Übungsbeispiele aufzeigen. Dabei erfolgt zunächst stets eine Beschreibung der Methode bzw. der Übung. Im Anschluss werden die Kompetenzen laut Orientierungsrahmen für den Lernbereich Globale Entwicklung bzw. laut Bildungsstandards für die fortgeführte Fremdsprache sowie die allgemeinen Ziele tabellarisch dargestellt. Daraufhin findet sich dann konkretes Unterrichtsmaterial zur Umsetzung.

Mystery

Beschreibung

Bei der Mystery-Methode handelt es sich um eine Methode, die das vernetzte Denken unterstützt. Sie stammt ursprünglich aus der Geographie-Didaktik. Zu Beginn eines Mysterys wird eine Leitfrage formuliert, die die Lernenden durch Aufdecken von Zusammenhängen und das Herstellen von Verbindungen beantworten[6]. Dafür stehen ca. 15–30 Informationskärtchen zur Verfügung, die die Lernenden sortieren. Auf den Karten sind z. B. kurze Texte, Grafiken oder Statistiken enthalten. Bei der Zuordnung der Karten gibt es keine eindeutige Lösung, sondern immer mehrere Möglichkeiten. Die Lernenden könnten beispielsweise nach Argumenten, Erzählsträngen oder Chronologie sortieren und mit Pfeilen Beziehungen zwischen den Karten herstellen. Dabei müssen nicht alle Karten verwendet werden. Die erarbeitete Lösung wird am Ende auf ein Plakat geklebt (Tipp: Fotokleber verwenden) und im Plenum vorgestellt und diskutiert. Zudem kann eine metakognitive Reflexion stattfinden, in der über die angewandten Strategien zur Problemlösung diskutiert wird (vgl. Herdeg 2014, 2f. ; Remmert 2016, 350ff.). Wichtig ist, dass im Anschluss auch die eigene Verbindung zu diesem Thema hergestellt wird.

Im Fremdsprachenunterricht kann es helfen, vorher festzulegen, dass jede Person die gleiche Anzahl an Karten erhält, und dann reihum eine Karte vorliest und einsortiert. Alternativ kann die Lektüre in Einzelarbeit oder als vorbereitende Hausaufgabe erfolgen.

Mysterys können zum Einstieg in ein neues Thema (Überblick verschaffen) oder auch zum Abschluss (Zusammenhänge herstellen) eingesetzt werden (vgl. Herdeg 2014, 3). Die Methode ist insbesondere gut für Globales Lernen geeignet, da die Lernenden komplexe Zusammenhänge selbst entdecken und strukturieren.

Kompetenzschwerpunkte laut Orientierungsrahmen	**Kompetenzschwerpunkte laut Bildungsstandards fortgeführte Fremdsprache**	**Allgemeine Ziele der Übung***
3. Analyse des globalen Wandels 5. Perspektivenwechsel und Empathie 6. Kritische Reflexion und Stellungnahme	• Interkulturelle kommunikative Kompetenz: Verstehen, Bewusstheit • Funktionale kommunikative Kompetenzen: Sprechen • Text- und Medienkompetenz	• Förderung des globalen und vernetzenden Denkens • Systematisches und eigenständiges Lösen von Problemen • Strukturierung von ungeordneten und komplexen Informationen • Förderung von Argumentationsfähigkeit • Anregung von Perspektivenwechsel

***(vgl. u. a. Remmert 2016, 350 f.; Herdeg 2014, 2f.)**

6 Die Leitfrage ist meist provokativ formuliert, bezieht sich auf eine Konfliktsituation oder bringt zwei Themenfelder zusammen, die erstmal schwer vereinbar erscheinen (vgl. Remmert 2016, 351).

Durchführung

Bei diesem Beispiel-Mystery steht der Staudamm-Bau in Chile im Mittelpunkt. Wie man zunächst intuitiv vermuten könnte, ist Wasserenergie als erneuerbare Energie gut. Die Lernenden sollen der Frage nachgehen, warum dies aber zu Problemen führen könnte. Dafür haben sie mehrere Erzählkarten aus verschiedenen Quellen. Die mit einem Sternchen gekennzeichneten Karten können als Zusatzkarten für schnelle Gruppen verwendet werden.

Método ›Misterio‹ Los mapuche en Chile

Mara Büter

Actividad

- Repartid las tarjetas en vuestro grupo y leedlas.
- Responded a la pregunta de esta manera:
    - Leed el contenido de las tarjetas.
    - Ordenad las tarjetas (por categorías / personas, por argumentos, por ...) y pegadlas en el póster.
    - Si es necesario: añadid flechas, comentarios, ...

Nicolasa es una mujer mapuche y vive en el sur de Chile. La compañía Endesa le ofrece mucho dinero para vivir en otro lugar.

Miguel vive en Santiago. »Las energías renovables son muy buenas. Voy a cambiar mi compañía eléctrica«, piensa él.

¿Por qué Nicolasa tendría que vivir en otro lugar si Miguel quiere corriente de energías renovables?

A

La iniciativa hidroeléctrica HidroAysén fue rechazada en 2014. »Hidroaysén usó millones de dólares intentando comprar mentes y corazones, y no lo logró«.

rechazar: contrario de aceptar

B

Existen numerosas opciones tecnológicas para enfrentar la mayor demanda eléctrica de Chile, sin tener que destruir la Patagonia chilena. El uso eficiente y las energías renovables, por sí solo podrían satisfacer dicha demanda.

C

Los proyectos de Endesa, constituyen, sin duda, el mayor conflicto ambiental del país a la fecha, y está movilizando en forma creciente a diversos actores locales, regionales, nacionales e internacionales.

D

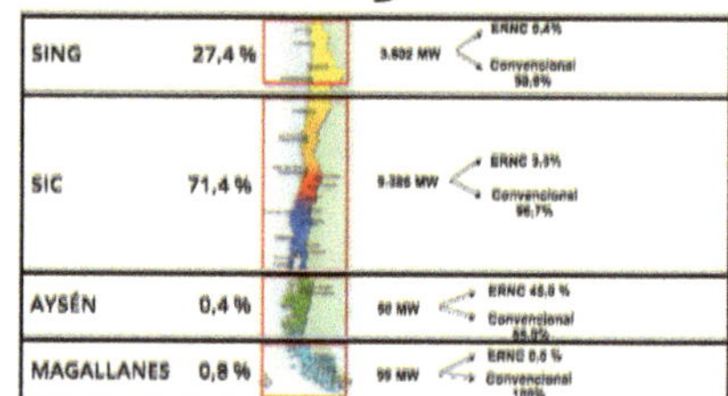

Capacidad instalada de Generación Eléctrica por Sistema: 2008
Capacidad instalada en
Chile: 13.137 MW

ERNC= Energía renovable no convencional
Fuente: CNE

E

Las energías renovables en la Unión Europea tienen un papel importante. Los Estados miembros de la UE en su conjunto, constituyen la principal potencia mundial en lo que al desarrollo y aplicación de energías renovables se refiere.

F

El Biobío es el río más largo de Chile. Nace en los Andes y desemboca en el Océano Pacífico. Este río posee un enorme valor ecológico, además de una gran importancia histórica y política, puesto que el Biobío fue la frontera.

puesto que: ya que; porque

G

En Mayo del 2004 comenzó la inundación del Valle de Ralco y 70 familias indígenas fueron ›invitadas a vivir en la alta montaña‹ a más de 2000 metros de altura. Estuvieron sin electricidad durante tres años, usando velas para alumbrarse. Además, los portavoces mapuches que denuncian la situación de sus hermanos, son perseguidos y condenados por las cortes chilenas.

la inundación: Überschwemmung
la vela: Kerze
el / la portavoz: persona que habla en nombre de un grupo

H

El Relator Especial enviado por la ONU, el Señor Rodolfo Stavevenhagen, declaró que hubo violación de los derechos humanos en la construcción de la Central Hidroeléctrica Ralco en el Alto Biobío [...].

ONU: Organización de las Naciones Unidas

I

Endesa (Empresa Nacional de Electricidad Sociedad Anónima) es un consorcio energético chileno-español. La rama chilena controla el 60 % del mercado eléctrico chileno y la casi totalidad del cableado.

la rama: aquí: el sector

J

2001: Basándose en pronósticos que auguran un aumento del consumo energético de un 8,4 % en los próximos diez años, Endesa ha proyectado construir siete centrales hidroeléctricas en el Alto Bío Bío.

augurar: predecir, pronosticar

K

La Central hidroeléctrica Ralco es una central generadora de electricidad por energía hidráulica. Fue puesta en servicio el 2004, luego de 6 años de construcción, y después casi una década de conflictos sociales con la población pehuenche que habitaba la zona.

L

Desde 1995, Nicolasa Quintremán había manifestado su férrea oposición a la construcción de la planta hidroeléctrica [Ralco], encabezando masivas marchas y protestas en Los Angeles, Concepción y Santiago.

férrero, -a: duro, tenaz
encabezar: guiar, dirigir

M

Incluso en octubre de 2002 Nicolasa participó de un intenso lobby en Europa, ante la Comisión de Derechos Humanos del Parlamento Europeo, en Bruselas, Bélgica, donde expuso en contra de la construcción de la hidroeléctrica.

N

En diciembre del 2003, Nicolasa Quintremán sorpresivamente firmó un acuerdo con Endesa Chile para permutar 3,8 hectáreas de sus tierras por una parcela 18 veces mayor y $ 200 millones, lo que causó indignación entre sus coterráneos que se manifestaron contra el embalse.

permutar: cambiar
la indignación: die Empörung
el / la coterráneo; -a: persona de la misma tierra

O

Se empieza a tomar conciencia en Chile de la necesidad de invertir en las fuentes de energía renovables. Chile dispone de muchas fuentes de energía renovable que se podrían aprovechar en el futuro, sin embargo en algunos casos la tecnología para extraerlas todavía es excesivamente cara, o bien requiere de costosas inversiones.

requerir: necesitar

P

Una de las potenciales fuentes energéticas de Chile es la hidráulica, por la gran cantidad de ríos en el sur.

Q

Los pehuenches pertenecen al pueblo mapuche, viven de la recolección del piñón (fruto de la araucaria) y del ganado que engordan en zonas altas durante la ›veranada‹. La otra mitad del año, la ›invernada‹, la pasan en la ribera del río Bío Bío.

la araucaria: un árbol del sur de Chile

R

Artículo 1°.- Primera Parte
El Estado reconoce que los indígenas de Chile son los descendientes de las agrupaciones humanas que existen en el territorio nacional desde tiempos precolombinos, que conservan manifestaciones étnicas y culturales propias siendo para ellos la tierra el fundamento principal de su existencia y cultura.

los descendientes: die Nachkommen

S

Artículo 1°.- Segunda Parte
Es deber de la sociedad en general y del Estado en particular, a través de sus instituciones respetar, proteger y promover el desarrollo de los indígenas, sus culturas, familias y comunidades, adoptando las medidas adecuadas para tales fines y proteger las tierras indígenas, velar por su adecuada explotación, por su equilibrio ecológico y propender a su ampliación.

T

U

›Patagonia Chilena Sin Represas‹ es una campaña de oposición a los mega proyectos hidroeléctricos que se pretenden llevar a cabo en la Patagonia Chilena.

V

HidroAysén fue un proyecto que contemplaba la construcción y operación de cinco centrales hidroeléctricas. El proyecto fue inicialmente aprobado el 9 de mayo de 2011 por autoridades del Gobierno de Sebastián Piñera.

contemplar: considerar

W

Sin embargo Alemania es el único miembro de la UE que está en camino de alcanzar los objetivos establecidos en el Protocolo de Kioto sobre el cambio climático.

X

Nicolasa Quintremán

Y

Mayo de 2011: Ciudadanos de varias ciudades del país han salido a las calles a manifestar su rechazo a la construcción del proyecto HidroAysén en la XI Región. Un descontento que tuvo su punto máximo de representación en los cerca de 30 mil manifestantes que se reunieron en la noche del viernes en Plaza Italia.

el rechazo: la negación

Z

Aunque Endesa trató de ›explicar‹ Ralco mediante una millonaría campaña publicitaria sugiriendo que el proyecto era útil para el consumidor chileno y que mejoraría ostensiblemente la caldidad de vida de los pehuenches, muchos ciudadanos chilenos, que en primera instancia están interesados en su cuenta de luz, empezaron a entender que Ralco significaron para Chile una descapitalización doble: ambiental y cultural.

ostensiblemente: claramente

a

Los impactos ambientales de tipo negativo van desde las alteraciones en la calidad del agua, la pérdida de suelo, las amenazas para especies arbóreas y animales en vía de extinción hasta los cambios en el caudal del río que tendrán un efecto erosivo.

arbóreo, -a: adjetivo relativo al árbol
en vía de extinción: en peligro de desaparecer (para siempre)

b

En todas las estrategias de desarrollo regional de Aysén y en otros lineamientos públicos relacionados, prevalece con fuerza la idea del producto turístico de alta calidad. En función de ello se han incorporado importantes territorios al Sistema Nacional de Áreas Silvestres Protegidas del Estado y se han realizado numerosas inversiones privadas en proyectos de pesca recreativa, montañismo, cabañas, hotelería, entre otros, y actualmente se encuentran muchos proyectos de este tipo en estudio y desarrollo, producto de los positivos resultados económicos obtenidos.

prevalecer: predominar
la cabaña: la casilla

c

Parece repetirse el drama de muchas etnias cuya vida tradicional rica en aspectos culturales y pobre en términos económicos fue sacrificada en aras del desarrollo y progreso.

en aras de ...: im Interesse von

d

Aysén, Patagonia, Chile

*e

Con la información que actualmente se cuenta sobre estos ecosistemas, y considerando las políticas públicas e institucionalidad instaladas actualmente en el país, es osado y riesgoso pretender tomar una decisión que implicaría la transformación irreversible de un vasto territorio de alta pristinidad en un lugar lleno de represas y cruzado por enormes tendidos eléctricos. (Patagonia Sin Represas)

la represa: der Staudamm

*f

[El complejo de HidroAysén] tendría una potencia instalada de 2.750 MW y una capacidad de 18.430 GWh de energía media anual, cuya inversión se estimó en unos US$ 3.200 millones, constituyéndose como el proyecto energético más importante que se haya estudiado en ese país hasta la fecha.

Fuentes

A:	*www2.latercera.com/noticia/las-batallas-del-gringo-ambientalista-que-derroto-al-proyecto-hidroaysen/*
B, C, a, b, *e:	*www.patagoniasinrepresas.cl/final/contenido.php?seccion=problema*
D:	*antiguo.minenergia.cl/minwww/opencms/14_portal_informacion/06_Estadisticas/Energias.html*
E; W:	*es.wikipedia.org/wiki/Energ%C3%ADas_renovables_en_la_Uni%C3%B3n_Europea*
F, G, H:	*http://apagayvamonosdocumental.blogspot.de/*
I, J, Q, Z, c,:	Kornberger (2001): ›¿Qué importan unos cuantos pehuenches? El tema de la globalización en la clase de español‹. In: Hispanorama 94, S. 63–67.
L, M, N, X:	*www.latercera.com/noticia/hallan-muerta-a-emblematica-lider-pehuenche-en-ralco/*
O, P:	*www.educarchile.cl/ech/pro/app/detalle?id=137176*
R, S:	*www.leychile.cl/Navegar?idNorma=30620*
T:	*www.patagoniasinrepresas.cl/final/contenido.php?seccion=materia-les*
U:	*www.patagoniasinrepresas.cl/final/contenido.php?seccion=nuestra-causa*
V:	*es.wikipedia.org/wiki/HidroAys%C3%A9n#cite_note-61porciento-9*
Y:	*diario.latercera.com/2011/05/15/01/contenido/re-portajes/25-69083-9-74-rechaza-hidroaysen.shtml*
K, *f:	*es.wikipedia.org/wiki/Central_hidroel%C3%A9ctrica_Ralco*
d:	*pixabay.com/de/aysen-patagonien-chile-1972296/* Acceso: Agosto 2018

Weitere Unterrichtsbeispiele

Remmert, Natascha (2016): ›Las bicimáquinas: Mi bici ahora desgrana maíz. Die Mystery-Methode im Spanischunterricht‹. In: Bär, Marcus / Bernecker, Walther L. / Lüning, Marita (Hg.): *Interkulturalität und Mehrsprachigkeit. Beiträge zu Sprache, Literatur und Kultur Spaniens und Lateinamerikas: Festschrift zum 75. Geburtstag von Ursula Vences.* Berlin: Edition tranvía, S. 349–363.

Das Mystery *Las bicimáquinas: Mi bici ahora desgrana maíz* fokussiert das Thema *Upcycling* von Fahrrädern in Guatemala, wo diese zu Maschinen wie Maisdreschern oder Mahlwerken umgebaut werden.

Remmert, Natascha (2014): ›Descubrir pistas y encontrar soluciones. Die Mystery-Methode im Spanischunterricht‹. In: *Der fremdsprachliche Unterricht Spanisch* 44, S. 18–24. Dieses Mystery thematisiert beispielhaft Herausforderungen bei der Erdölförderung in Peru.

Ein Schritt nach vorn / Privilegien Check

Beschreibung

Im Rahmen dieser Methode erhält jede Person eine Rollenkarte, die zunächst genau gelesen wird. Auf dieser Rollenkarte sind i. d. R. Informationen zum Alter, zum Geschlecht, zur Herkunft und zu den Lebensumständen einer Person enthalten. Alle Lernenden stellen sich in einer Linie auf und die Lehrkraft liest einige Aussagen vor, wie z. B. »Deine Familie unterstützt dich, wenn du finanzielle Probleme hast.« Diejenigen, auf deren Rolle die genannte Aussage zutrifft, dürfen einen Schritt nach vorne (bzw. bei negativen Aussagen einen Schritt zurück) gehen. Es folgen weitere Aussagen und die Lernenden gehen bei Zutreffen erneut einen Schritt nach vorne. Am Ende stehen die Lernenden unterschiedlich weit voneinander entfernt – diese Tatsache soll als Diskussions- und Reflexionsanlass genutzt werden. Außerdem werden die Rollen bekannt gegeben (orientiert an Pädagogische Hochschule Luzern o. J., 96f.).

¡Ojo! Es ist wichtig, dass diese Methode mit ausreichend Zeit eingeführt und reflektiert wird, damit keine stereotypen Sichtweisen auf Menschen und Länder im Globalen Süden entstehen. Vielmehr soll die ungleiche Chancenverteilung – auch in Deutschland – im Fokus stehen, »[...] z. B. in Bezug auf Gender, Ethnizität, Klasse, Alter, Region, etc. Dabei wird auch die Potenzierung sozialer Benachteiligung durch die Verschränkung unterschiedlicher Ungleichheitsmerkmale thematisiert (Stichwort: Intersektionalität).« (CIAS 2017, 10)

Kompetenzschwerpunkte laut Orientierungsrahmen
2. Erkennen von Vielfalt
5. Perspektivenwechsel und Empathie

Kompetenzschwerpunkte laut Bildungsstandards fortgeführte Fremdsprache
- Interkulturelle kommunikative Kompetenz: Verstehen, Einstellungen, Bewusstheit

Allgemeine Ziele der Übung*
- »Förderung von Empathie mit Menschen, die nicht zur Mehrheitsgesellschaft gehören
- Sensibilisierung für die ungleiche Chancenverteilung in der Gesellschaft
- Verständnis für die möglichen persönlichen Folgen der Zugehörigkeit zu bestimmten sozialen Minderheiten oder kulturellen Gruppen wecken«

*(Pädagogische Hochschule Luzern o. J., 96)

Durchführung

Baustein aus der CIAS-Unterrichtsmappe ›¿Cachai Chile? Sociedad. Memoria. Conflictos actuales.‹

Center for InterAmerican Studies an der Universität Bielefeld (2017): *¿Cachai Chile? Sociedad. Memoria. Conflictos actuales. Unterrichtsbausteine für den Spanischunterricht in der Sekundarstufe II.* Bielefeld: Kipu-Verlag.

Lee el texto, imagínate tu personaje ... e imagínate que tú eres esta persona ...

- ¿Cuáles son los desafíos con los cuales te ves confrontado?
- ¿Qué te ha aliviado la vida?

El profesor / la profesora lee algunas frases. Si la frase / la información se corresponde con tu rol, da un paso adelante. Si no, quédate en tu lugar.

Después

- ¿Qué pasó en el ejercicio?
- ¿Cómo te sentiste en tu rol?
- ¿Presenta tu personaje a tus compañeros de curso: Quién eres?
- ¿Cómo te imaginaste tu rol? ¿Conoces a una persona parecida?
- ¿Porqué te encuentras en el lugar donde te encuentras?
- ¿Cómo te sentiste al dar un paso adelante y al quedarte en tu lugar?
- ¿Qué muestra el ejercicio? ¿Hay algo que os llama mucho la atención?

(orientiert an Pädagogische Hochschule Luzern o. J., 97; CIAS 2017, 10)

Desigualdades

Perfiles de chilenos y chilenas

Buenos días: soy Cristián Edwards y tengo 15 años. Pertenezco a una de las familias más importantes del país. Por nuestro espíritu de empresarios, manejamos muchos de los consorcios mas importantes de Chile. Todos mis amigos en el colegio son parte de las mejores familias de Chile, o hijos de embajadores de países europeos. Mi papá me dice que ahí es el lugar para armar las amistades con los futuros ministros y gerentes de empresas. Pero por ahora me gusta más practicar mi deporte favorito, el golf. Cuando termine el colegio me voy a estudiar en la Universidad de Chicago.

Buenos días. Mi nombre es Germán Reyes. Tengo 55 años. Luego de mis estudios de ingeniería en la Universidad de Concepción conseguí un buen trabajo en una minera de cobre. Pero la empresa cambio varias veces de dueño y ahora pertenece a un holding canadiense. Por motivos de trabajo tuve que trasladarme a Arica. Tengo un trabajo seguro y bien remunerado, lo que me ha permitido comprar un departamento en el cual vivo con mi esposa y mi hija. En el poco tiempo libre que me queda, me gusta practicar la pesca. Esto me relaja bastante.

Soy Roberta Valdivia Schmitt. Desde mi niñez vivo en la ciudad de Valdivia. De parte de mi madre tengo antecedentes alemanes. Soy empleada de un banco. Los sueldos en Valdivia son más bajos que en la capital, pero aquí la vida es más barata y tranquila. De hecho, aquí en la provincia llamamos a Santiago ›Santi-asco‹. Cuando regreso del trabajo tengo que preocuparme de limpiar y ordenar. Tenemos una empleada mapuche que nos ayuda tres días por semana. Pero soy yo quien se preocupa de nuestros tres hijos. Mi esposo trabaja como administrador de proyectos y regularmente pasa varios días fuera de la ciudad.

Soy Violeta. Crecí en la comuna Nuñoa en Santiago. Vivo en la casa de mis papás. Sin esta herencia no podría pagar una casa en este barrio. Soy madre soltera. Tengo dos hijos. Una hija de cinco y un hijo de siete años. Mi marido nos dejó cuando recién estaba embarazada de Miguel. Mi papá trabajó en el Banco Central y mi mamá era ama de casa. Los días martes y miércoles venía Pancha, una mujer mapuche, para ayudarnos en la casa. Hoy no tengo a nadie quien me ayude. Sólo mi mamá me apoya cuidando a los niños mientras trabajo. Mi trabajo como profesora de matemática en el colegio bilingüe ›Green School‹ me gusta mucho. Sólo me molesta que mi colega Francisco gane más que yo, aunque hacemos el mismo trabajo.

Hola. Mi nombre es Francisco Linares y tengo 19 años. Estudio en el Colegio Alemán en Las Condes, comuna donde vivo. En mi tiempo libre me gusta mucho leer y jugar tenis. Hace unos dos años atrás me di cuenta que no tengo mucho interés en las minas. De hecho me gustaban mas los hombres. Después de una relación con un hombre mayor decidí declarar abiertamente mi homosexualidad. De hecho tenía bastante miedo. Fue precisamente la época cuando el estudiante Daniel Zamudio fue asesinado por ser homosexual. Muchos de mis compañeros se distanciaron y hablaban mal de mí. Algunos me insultaban llamándome ›maricón‹. Pero otros, y sobre todo mujeres, me apoyaron. También recibí mucho apoyo de parte de mi familia. Y tal como en Chile existe ya desde 2015 una ley que reconoce uniones del mismo sexo, espero que crezca la tolerancia hacia la diversidad sexual. A pesar de la influencia de la iglesia.

He aroha. Soy Manuel Paola, de Rapa Nui. Tengo 54 años y crecí los pimeros años de mi vida entre Tahiti y Rapa Nui. Yo no me siento chileno. Pertenezco al mundo polinésico. Así que tengo más en común con la gente de Tahiti, de Hawai'i o los Maori de Nueva Zelandia que con los chilenos del continente. Mis familiares eran pescadores y sufrieron mucha discriminación por parte de la ovejera que prácticamente dominaba la isla. Todos los rapa nui eran cercados en el pueblo Hanga Roa. Ni siquiera podían visitar los lugares sagrados de los moais. Pero con la construcción del aeropuerto, durante el gobierno de Pinochet, y el aumento del turismo, estoy bien. Ahora manejo un camping con cabañas.

Buenos días. Soy Alejandro Castro. Tengo 19 años y trabajo en una gran cadena de supermercados. Ahí me ocupo de poner la mercancía en los estantes. Es un trabajo duro y como trabajador no te respetan mucho. Apenas empieza a funcionar un sindicato para mejorar las condiciones de trabajo. Pero todavía no me meto. Tengo miedo que me despidan. No me interesa la política. Mi compañera igual sale a trabajar. Y mi mamá tiene que cuidar a nuestra hija. Sin este apoyo será difícil pagar todas las cuentas. Gracias a la tarjeta de crédito podemos comprar para días especiales, como navidad o un cumpleaños, algunas cosas extras.

Hola. Me llamo Jhon Riquelme. Llegué hace cinco años de Medellín a Santiago. Santiago me gusta mucho porque la vida es más tranquila. Aunque como colombiano ya empiezan a asociarte con la mafia y las drogas, todavía me tratan bien. Si trabajas duro, te puedes ganar la vida. Empecé como vendedor en las micros y ahora trabajo de garzón en un restaurante. Nosotros los colombianos tenemos fama de atender bien a la gente. He podido ahorrar un poco de plata. Mi sueño es armar mi propio restaurante de comida colombiana. Las arepas y los patacones para mí son más ricos que las empanadas de pino o el pastel de choclo.

Hola. Mi nombre es Consuelo y tengo 22 años. Soy de un pueblo de la costa pacífica de Colombia. Por la violencia mis padres se fueron a la capital, Bogotá. Pero ahí tampoco había mucho trabajo. Un amigo me contó de la posibilidad de trabajar en Chile donde pagan bien y donde la vida es tranquila. Por eso me fui a trabajar a Punta Arenas como vendedora en la Zona Franca. Al principio era muy duro aguantar el frío allá. Pero hay una pequeña comunidad colombiana y logro mandar plata a mi familia en Colombia. Como colombiana te tratan más o menos bien. Claro; como tengo la piel más oscura de repente me miran un poco raro. Además algunos hombres creen que sólo por ser colombiana eres prostituta. Esto molesta mucho.

Mari mari. Me llamo Alihuen Nahuelpán y soy Mapuche. Tengo 45 años y vivo en el pueblo Lumaco en la IX región. Mis papás me mandaron al colegio a Temuco. Dijeron que la educación era mejor. Pero ahí los otros estudiantes chilenos se burlaron de mi manera de hablar español. En historia y geografía la historia del pueblo mapuche era ausente. Esto me parece injusto porque eramos los dueños de todos los territorios al sur del Rio Bío-Bio. Al no encontrar trabajo en Temuco, regresé a Lumaco. Ahí me dedico a la agricultura. Pero estamos cercados por las empresas forestales y casi no queda agua para nuestras plantas. Reclamamos nuestras tierras, pero el Estado chileno no quiere escuchar. En cambio, manda policías y militares.

Buenos días. Mi nombre es Juana Salazar. Tengo 72 años y soy viuda. Toda mi vida he trabajado en una pequeña agencia. Pero ahora la plata de la jubilación no me alcanza para vivir. Además, como mujer te dan una pensión menor. En la dictadura abolieron el sistema estatal de pensiones y introdujeron las AFP, un sistema privatizado. Pero vivir en Santiago es caro y la plata apenas alcanza para la vida cotidiana. Para cubrir los costos de la atención médica tengo un motón de deudas. Por suerte mi familia me apoya. Pero a mí me da lástima morir y dejarles con mis deudas. Esto no es una vida digna.

Preguntas para Actividad ›Desigualdades‹

Si tu familia te apoya si tienes problemas emocionales, de salud o si tienes problemas económicos, un paso adelante. (+1) Wenn du ein Umfeld hast, das dich in emotionalen, gesundheitlichen oder wirtschaftlichen Notlagen unterstützt, gehe einen Schritt nach vorn. (+1)

Si es probable que nunca tengas que preocuparte por tu situación económica, un paso adelante. (+1) Wenn du dir wahrscheinlich niemals Sorgen um deine finanzielle Situation machen musst, gehe noch einen Schritt nach vorn. (+1)

Si tienes que trabajar duro para sobrevivir, un paso para atrás. (-1) Wenn du hart arbeiten musst, um deinen Lebensunterhalt zu garantieren, gehe einen Schritt zurück. (-1)

Si estás preocupado por tener que apoyar económicamente a tu familia, un paso para atrás. (-1) Wenn dich belastet, dass du Familienmitglieder finanziell unterstützen musst, gehe einen Schritt zurück. (-1)

Si ganas menos que los hombres que trabajan contigo, un paso para atrás. (-1) Wenn du weniger verdienst als deine männlichen Kollegen, einen Schritt zurück. (-1)

Si tienes poco o ningún apoyo de otras personas en el cuidado de tus hijos, un paso para atrás. (-1) Wenn du in der Erziehung deiner Kinder weitgehend auf dich alleine gestellt bist / warst, gehe einen Schritt zurück. (-1)

Si otros miembros de tu familia están a cargo del cuidado de los niños o de las tareas de la casa, un paso adelante. (+1) Si tu familia paga a otras personas para el trabajo en su casa o el cuidado de los niños, otro paso adelante. (+1) Wenn die Sorgearbeit für deine Familie (z. B. Kindererziehung, oder Haushaltsarbeit) von anderen Familienmitgliedern übernommen wird, gehe einen Schritt nach vorne. (+1) Wenn deine Familie andere Menschen für ihre Haushaltsarbeit oder die Kinderbetreuung bezahlt, gehe noch einen Schritt nach vorne. (+1)

Si has sufrido alguna vez un acoso sexual, un paso para atrás. (-1) Wenn du schon mal einen sexuell belästigt wurdest, trete einen Schritt zurück. (-1)

Si no te sientes segura / o caminando sola / o en la calle por la noche, un paso para atrás. (-1) Wenn du dich auf Grund deines Geschlechts nachts ungern alleine auf die Straße traust, gehe einen Schritt zurück. (-1)

Si has tenido miedo de sufrir maltrato o violencia física por tu orientación sexual, un paso para atrás. (-1) Wenn du jemals Angst gehabt hast, wegen deiner sexuellen Orientierung beschimpft oder gar verprügelt zu werden, gehe einen Schritt zurück. (-1)

Si te sientes chileno / a, un paso adelante. (+1) Wenn du dich als Chilene / Chilenin verstehst, gehe einen Schritt nach vorn. (+1)

Si has sufrido maltrato o discriminación por tus orígenes familiares, un paso para atrás. (-1) Wenn du wegen deiner Herkunft beschimpft worden bist, einen Schritt zurück. (-1)

Si podías hablar tu lengua materna en el colegio, un paso adelante. (+1) Wenn in deiner Schule in erster Linie deine Erstsprache gesprochen wurde, gehe einen Schritt nach vorn. (+1)

Si alguna vez fuiste controlado por la policía por tu aparencia física, un paso para atrás. (-1) Wenn du je von der Polizei wegen deines äußeren Erscheinungsbildes kontrolliert worden bist, gehe einen Schritt zurück. (-1)

Si estás contento con tu vida, un paso adelante (+1), si no, un paso para atrás. (-1) Wenn du mit deinem Leben zufrieden bist, gehe einen schritt nach vorn. (+1) Wenn nicht, einen Schritt zurück. (-1)

World Café

Beschreibung

Im Rahmen eines World Cafés finden Diskussionen in Kleingruppen statt. Dazu werden Gruppentische zu bestimmten Themen oder Fragestellungen gebildet. An jedem Gruppentisch wird eine Person als GastgeberIn festgelegt, die die Gruppe anleitet. Auf den Tischen liegen große Plakate oder eine beschreibbare Tischdecke. Jede Person schreibt ihre Meinung auf, die GastgeberInnen leiten eine Diskussion an und am Ende werden die Ergebnisse (schriftlich) zusammengefasst. Dann wird rotiert und jede Person findet sich an einem neuen Tisch ein. Wenn alle Rotationen durch sind, werden im Plenum die Ergebnisse durch die GastgeberInnen als Zusammenfassung vorgestellt (vgl. Mattes 2011, 84; EPIZ 2015, 67).

Kompetenzschwerpunkte laut Orientierungsrahmen	**Kompetenzschwerpunkte laut Bildungsstandards fortgeführte Fremdsprache**	**Allgemeine Ziele der Übung**
2. Erkennen von Vielfalt 5. Perspektivenwechsel und Empathie 8. Solidarität und Mitverantwortung (Bei dieser Methode kommt es sehr stark auf den zu behandelnen Inhalt an)	• Interkulturelle kommunikative Kompetenz: Verstehen, Einstellungen • Funktionale kommunikative Kompetenz: Sprechen	• Diskussion und Meinungsaustausch • Förderung von Urteils- und Kooperationskompetenz **(vgl. Mattes 2011, 84ff.)**

Durchführung

Diese Methode kann zu vielen Themen und auch zu unterschiedlichen Zeitpunkten eines Unterrichtsvorhabens eingesetzt werden. An dieser Stelle wird exemplarisch ein World Café vorgestellt, das im Rahmen eines Unterrichtsvorhabens zum Thema *Buen Vivir* entstanden ist[8].

Der Einstieg in das Unterrichtsvorhaben erfolgt durch einen Bildimpuls zum Buen Vivir und durch eine abgewandelte Version der kooperativen Methode des World Café (Café del mundo). An jedem Gruppentisch fungiert jeweils eine Person als GastgeberIn, die die vorgegebenen Fragen zu den Vorstellungen eines guten Lebens vorlesen (s. Kasten 1). Die Gäste können nun kurz überlegen und notieren ihre Gedanken. Die GastgeberInnen leiten die anschließende fünf- bis zehnminütige Diskussion und halten die Ergebnisse der Gruppe stichwortartig auf Karten fest. Danach wechseln die Gruppen und die nächste Frage wird diskutiert (vgl. Mattes 2011: 84). Zum Abschluss wird anhand der erstellten Karten eine gemeinsame Mindmap erstellt.

**8 Der folgende Abschnitt zur Methode Café del mundo wurde 2016 für die Zeitschrift Hispanorama verfasst und hier erstmals veröffentlicht.
Büter, Mara (2016): »Buen Vivir – ›Gutes Leben‹ in Bolivien und im Spanischunterricht«. In: Hispanorama 154, S. 66–75.**

Kasten 1

Preguntas para el Café del mundo

- ¿Qué asociaciones tienes al ver esta imagen (*http://tinyurl.com/ jkeva8l*)?

1. ¿Qué asocias con el término ›Buen Vivir‹?
2. ¿Qué significa tener una buena vida para ti? ¿Qué se necesitaría para esta vida?
3. En tu opinión: »¿Es la buena vida una cosa individual o algo colectivo? ¿Juega la naturaleza un rol en tu idea de una buena vida? ¿Quién es responsable para proveer una buena vida?«

Weitere Unterrichtsbeispiele

Center for InterAmerican Studies an der Universität Bielefeld (2017): *Procesos migratorios en América Latina. Unterrichtsbausteine für den Themenbereich Migration in den Amerikas für den Spanischunterricht.* Bielefeld: Kipu-Verlag.

Dieses World Café behandelt das Thema ›Migration aus den Nachbarländern in Argentinien‹. Zur Unterstützung des World Café wird ein Interview mit drei SoziologInnen gelesen. Dazu wird an jedem der fünf Tische ein Teil des Interviews ausgelegt. Die Lernenden lesen dann jeweils den Text, fassen ihn kurz zusammen und diskutieren darüber. Auf ein Signal muss jede Person sich einen neuen Tisch suchen, wobei am Ende jede Person an jedem Tisch gewesen sein muss (vgl. CIAS 2017b, 10ff.).

Der ökologische Fußabdruck

Beschreibung

»Die Menschheit verbraucht jedes Jahr 1,6 Erden« (Social Media Redaktion 2016) – dies stellte der Living Planet Report im Jahre 2016 fest. Die Menschheit lebt also über die Ressourcen der Erde hinaus. Mathis Wackernagel und William E. Rees entwickelten in den 1990er Jahren das Konzept des ökologischen Fußabdrucks (vgl. Heinrich-Böll-Stiftung Thüringen e. V. o. J.). Die Idee dahinter ist herauszufinden, wie viel Biokapazität die Erde besitzt, d. h. es werden die existierenden Flächen wie beispielsweise Wälder, Meere oder Städte berücksichtigt. Umgekehrt wird auch ermittelt, wie viel Biokapazität die Menschen nutzen. Dies wird dann in Fläche umgerechnet, z. B. das Herstellen unserer Kleidung oder unserer Lebensmittel (vgl. Brot für die Welt o. J.).

Mittlerweile gibt es eine Vielzahl an kleinen Tests, mit denen es jeder Person ermöglicht wird, für sich selbst herauszufinden, wie viel Biokapazität man nutzt. Einen Test zum ökologischen Fußabdruck kann man in vielen Situationen einsetzen: z. B. im Rahmen der Themen ›Fair Trade‹ oder ›Verteilung von Armut und Reichtum‹.

Vor der Durchführung eines solchen Tests sollte der Hintergrund zum ökologischen Fußabdruck erarbeitet werden. Dies kann anhand eines Videos erfolgen (s. Aufg. 1). Im Anschluss sollen die Lernenden selbst einen Test zum ökologischen Fußabdruck durchführen (s. Aufg. 2). Dazu kann die Lehrkraft entweder einen Test in Kopie mitbringen (Version a) oder im Computerraum wird ein Online-Test durchgeführt (Version b). Abschließend sollte mit den SchülerInnen gemeinsam überlegt werden, wie alle dazu beitragen können, den ökologischen Fußabdruck zu verringern. Dies kann auf der persönlichen und auf schulischer Ebene erfolgen (s. Aufg. 3). In der Oberstufe könnte auch noch weiteres Hintergrundwissen zum ökologischen Fußabdruck bearbeitet werden, z. B. wie sich der Fußabdruck im Globalen Süden entwickelt, welche Länder einen besonders hohen Fußabdruck haben. Informationen finden sich z. B. im folgenden Text:

WWF España (o. J.): Huella Ecológica. Online unter: *www.wwf.es/ nuestro_trabajo_/informe_planeta_vivo/huella_ecologica/*, (18.03.2018).

Kompetenzschwerpunkte laut Orientierungsrahmen	**Kompetenzschwerpunkte laut Bildungsstandards fortgeführte Fremdsprache**	**Allgemeine Ziele der Übung**
3. Analyse des globalen Wandels 4. Unterscheidung von Handlungsebenen 6. Kritische Reflexion und Stellungnahme 11. Partizipation und Mitgestaltung	• Interkulturelle kommunikative Kompetenz: Wissen, Einstellungen, Bewusstheit • Text- und Medienkompetenz	• Bewusstmachung des (eigenen) Ressourcenverbrauchs • Sensibilisierung für ungleiche Ressourcenverteilung • Handlungsideen für ein nachhaltigeres Leben finden und umsetzen

Durchführung

Hoja de trabajo: La huella ecológica

1. Conocer ›La huella ecológica‹

- Mira el video sobre ›La huella ecológica‹ (minuto 00:00-01:08) Once Niños (2013): *Acción Verde – La huella ecológica. Enlace: www.youtube.com/watch?v=iCaJnGtJ660*, (18.03.2018)
- Responde a las siguientes preguntas:
  - ¿Cuántos recursos están usando los seres humanos actualmente?
  - ¿Por qué es importante no usar demasiados recursos?
  - ¿Qué es la huella ecológica?
  - Apunta dos ejemplos de lo que se comprende bajo el concepto de huella ecológica.

2. Mide tu propia huella ecológica

Realiza un test para medir tu huella ecológica personal.
Hay dos opciones:

a. Universidad de Playa Ancha (2015): *Mi huella ecológica.* Enlace: *www.upla.cl/sustentable/wp-content/uploads/2015/10/2015_0929_apl_capacitaciones_6_huellaecologica.pdf*, (18.03.2018).
(un test en formato PDF)

b. Educarchile (2012): *Profesores y alumnos podrán medir su huella ecológica.* Enlace: *http://m.educarchile.cl/portal/mobile/articulo.xhtml?id=215447*, (18.03.2018).
(un test en línea, hay que realizarlo en un ordenador)

3. Acción: Cómo reducir la huella ecológica

Discute con tu pareja y apuntad vuestras ideas.

- ¿Qué puedo hacer yo para reducir mi huella ecológica?
- ¿Qué podemos hacer en clase para reducir nuestra huella ecológica?

4.3. Ausblick

Aus dieser Handreichung dürfte deutlich geworden sein, dass der Spanischunterricht vom Globalen Lernen profitieren kann. Auf Inhalts- und Kompetenzebene wurde gezeigt, an welchen Stellen der Lehrpläne bzw. Bildungsstandards Anknüpfungspunkte vorhanden sind. Auch methodisch gibt es bereits einige Überschneidungen, wie die Schülerorientierung oder den Einbezug kooperativer Lernformen:

> *»Es wird deutlich, dass die didaktische Ausrichtung des Spanischunterrichtes nicht nur kompatibel mit dem Globalen Lernen ist, sondern bereits zahlreiche Grundsätze des Globalen Lernens als konstitutive Elemente für Didaktik und Lernkonzeption in die Rahmenlehrpläne integriert sind.«* (Danninger / Schank 2010, 45)

Doch obwohl der Spanischunterricht viele Anknüpfungspunkte für Globales Lernen bietet, gibt es noch eine Vielzahl an Herausforderungen: Zum einen fehlt geeignetes Unterrichtsmaterial für den Spanischunterricht, insbesondere für die Sekundarstufe I. Zum anderen ist der sprachliche Fokus im Globalen Lernen noch nicht stark berücksichtigt. Hier könnte das Globale Lernen vom Bilingualen- bzw. CLIL-Unterricht profitieren (vgl. Viebrock 2015, 50). Zudem muss Globales Lernen weiter auf bildungspolitischer Ebene gestärkt werden. Aktuell steht man als Lehrkraft in den meisten Bundesländern vor der Herausforderung, gleichzeitig die Kompetenzen der Spanischlehrpläne der Bundesländer als auch die des Globalen Lernens zu fördern, sodass bildungspolitische Änderungen notwendig sind – auch um den fächerübergreifenden Ansatz des Globalen Lernens stärker berücksichtigen zu können. Bezüglich der Inhalte stößt der Spanischunterricht teilweise an seine Grenzen: Zwar sind fast alle Themen, die im Spanischunterricht behandelt werden, mit dem Globalen Lernen vereinbar. Und auch umgekehrt ist dies der Fall. Jedoch können Lehrkräfte nicht die aktuellen Lehrpläne und Abiturvorgaben umgehen. Weiterhin fehlt auch die systematische Aus- und Weiterbildung von Lehrkräften. So sollte Globales Lernen nicht nur von oben festgeschrieben werden, sondern den (angehenden) Lehrkräften eine Qualifizierung angeboten werden.

Eine weitere Herausforderung liegt teilweise in der Kompetenz des Handelns. So kann aus organisatorischen Gründen nicht in jeder Unterrichtsreihe ein außerschulischer Lernort besucht werden. Darüber hinaus handelt es sich meistens um einen deutschsprachigen Lernort. In diesem Fall könnte die Kompetenz der Sprachmittlung gefördert werden und die Lernenden verarbeiten ihr erworbenes Wissen auf Spanisch. Außerdem wären fächerübergreifende Kooperationen wichtig. Im Prinzip wäre eine Verankerung des Globalen Lernens auf der gesamten Schulebene erforderlich, damit es umfassend wirken kann.

Da dies jedoch noch ein langer Weg ist, soll diese Veröffentlichung einen ersten Schritt in diese Richtung unterstützen und dazu beitragen, Prinzipien Globalen Lernens im Spanischunterricht zu verankern.

5. Weiterführende Literaturhinweise

Unterrichtsmaterial zum Globalen Lernen im Spanischunterricht

Handbuch Globales Lernen im Spanischunterricht (FDCL)
Das Handbuch wird vom Forschungs- und Dokumentationszentrums Chile-Lateinamerika herausgegeben. Unter anderem werden die Hintergründe zum Globalen Lernen und der Zusammenhang im Spanischunterricht erläutert. Zudem werden die Anknüpfungspunkte in den konkreten Lehrplänen der verschiedenen Bundesländer aufgezeigt. Abschließend werden steckbriefartig Themenvorschläge für den Unterricht dargestellt und Hinweise auf mögliches Material gegeben.

Danninger, Eva / Schank, Kristy (2010): *Handbuch: Globales Lernen im Spanischunterricht.* Berlin: FDCL Verlag. *https://www.fdcl.org/wp-content/uploads/2010/12/HandbuchGlobLernen_PDF_Web.pdf* (Kostenlos)

Unterrichtsmappen der Arbeitsgruppe ›Wissen um globale Verflechtungen‹ des Center for InterAmerican Studies der Universität Bielefeld
Im Rahmen der Arbeitsgruppe ›Wissen um globale Verflechtungen‹ des Center for InterAmerican Studies (CIAS) der Universität Bielefeld sind zwei Mappen für den Spanischunterricht zu den Themen *Procesos migratorios en América Latina* (ISBN: 978-3-946507-01-7) und *¿Cachai Chile? Sociedad. Memoria. Conflictos Actuales* (ISBN: 978-3-946507-04-8) entstanden.

www.uni-bielefeld.de/cias/unterrichtsmaterialien (Kosten: 10 €)

Heft 57 ›Der fremdsprachliche Unterricht Spanisch‹ (Thema: *Alimentación*)
Neben dem Basisartikel, in dem u. a. auch Hintergründe zum Globalen Lernen erläutert werden, finden sich konkrete Unterrichtsvorschläge zu den Themen Globalisierung im Agrarbereich, Globaler Konsum von regionalen Produkten (Beispiel: Quinoa), Lebensmittelverschwendung, die Kartoffel, der Mais sowie *Agricultura Urbana* in Kuba.

Alimentación. Unterricht Spanisch, Nr. 57/2017, Friedrich Verlag 2017, URL: *www.friedrich-verlag.de/shop/alimentacion* (Kosten 17,50 €)

Unterrichtsmaterial des Welthaus Bielefeld
Das Welthaus Bielefeld hat verschiedene Unterrichtsvorschläge veröffentlicht, die am Globalen Lernen orientiert sind. Speziell für den Spanischunterricht wurden die Dossiers ›Arbeitsmigration am Beispiel Mexiko-USA‹ und ›Soziale Positionierung Indigener in Lateinamerika‹ entwickelt.

www.welthaus.de/bildung/unterrichtsmaterialien-downloads (Kostenlos)

Unterrichtsmaterial des Deutschen Volkshochschul-Verbandes
In der Handreichung ›Globales Lernen im Sprachunterricht‹ werden Hintergründe zum Globalen Lernen im Sprachunterricht (an der Volkshochschule) erläutert. Für die Sprachen Englisch, Französisch, Spanisch, Portugiesisch und Russisch werden jeweils ein bis zwei konkrete Unterrichtsprojekte vorgestellt. Für den Spanischunterricht wurden die Themen ›Zukunftswünsche eines Jugendlichen in Guatemala‹ und ›Konsum‹ ausgewählt.

Pfafferott, Dorea / Pfundt, Katharina (Hg.) (2011): *Globales Lernen im Sprachunterricht. Didaktische Anregungen in verschiedenen Sprachen.* Bonn: dvv international.

Ergänzend wurde speziell für den Spanischunterricht an Volkshochschulen die Handreichung ›El aprendizaje global en los cursos de Español‹ konzipiert, in der neun Unterrichtsmodule enthalten sind. Es werden z. B. die Themen Lateinamerika, Klimawandel und Armut behandelt.

www.dvv-international.de/fileadmin/files/aprendizaje_global_-_versi__n_digital_sin_materiales_mit_vorwort.pdf (Kostenlos)

Unterrichtsmaterial von Adveniat
Adveniat bietet auf seiner Homepage zwei Unterrichtseinheiten für den Spanischunterricht an, die am Globalen Lernen orientiert sind. Eine beschäftigt sich mit dem Amazonas in Peru, die andere thematisiert die Enzyklika von Papst Franziskus in Verbindung mit dem Umweltschutz.

www.adveniat.de/engagieren/schule-und-kindergarten/schulmaterialien-unterrichtseinheiten-zu-lateinamerika/

Datenbank *Bildungsmaterialien* auf dem Portal Globales Lernen
In der Datenbank auf der Homepage *Portal Globales Lernen* können Sie sich über bestehendes und neues Unterrichtsmaterial zum Globalen Lernen informieren. In der Datenbank lässt sich u. a. nach Schulfächern suchen. Für den Fremdsprachenunterricht (Spanisch, Englisch und Französisch) sind bereits einige Unterrichtsvorschläge zum kostenlosen Download eingestellt und werden ständig ergänzt.

www.globaleslernen.de/de/bildungsmaterialien/alle

Praxismaterial: Politische Bildung im Spanischunterricht (Klett-Verlag)
In dieser Handreichung werden sowohl theoretische Hintergründe zur Integration politischer Bildung im Spanischunterricht als auch konkrete Methoden und Unterrichtsbeispiele (mit Kopiervorlagen) vorgestellt. Es handelt sich zwar nicht direkt um Material zum Globalen Lernen, das Verständnis von politischer Bildung der Autoren weist allerdings Übereinstimmungen mit dem Globalen Lernen auf, sodass diese Handreichung als gute Basis verwendet werden kann.

Grünewald, Andreas (Hg.) (2017): *Praxismaterial: Politische Bildung im Spanischunterricht. Didaktische Grundlagen, Methoden, Materialien.* Seelze: Klett / Kallmeyer. (Kosten: 19,95 €)

Allgemeine Literaturhinweise zur praktischen Umsetzung des Globalen Lernens

Handbuch Globales Lernen für Referent_innen
In dem Handbuch des Entwicklungspolitischen Bildungs- und Informationszentrum e. V. (EPIZ) werden zum einen Hintergrundinformationen zum Globalen Lernen und zum anderen konkrete Methoden vorgestellt.

www.epiz-berlin.de/publications/handbuch-gl-fu%cc%88r-referent_innen/ (Kostenlos)

Handbuch ›Globales Lernen. Methoden für die entwicklungspolitische Bildungsarbeit‹
Aufgeteilt in die Kapitel Vorbereitung, Einstiegsübungen, Anregungen zur Erarbeitung und Auswertung werden in dem von Engagement Global herausgegebenen Handbuch über 40 Methoden zum Globalen Lernen ausführlich dargestellt.

www.globaleslernen.de/sites/default/files/files/link-elements/bte_globales_lernen.pdf (Kostenlos)

Globales Lernen. Praxishandbuch für die Sekundarstufe I und II
Zunächst werden in diesem Handbuch Hintergrundinformationen zu Theorie und Praxis des Globalen Lernens gegeben. Im Anschluss werden in acht Kapiteln jeweils ein Thema erläutert und anschließend mögliche Methoden vorgestellt. Die Kapitelthemen reichen von ›Weltbürger mit Rechten und Pflichten‹ bis ›Veränderte Realitäten – virtuelle Welten?‹

Selby, David / Rathenow, Hanns-Fred (2003): *Globales Lernen. Praxishandbuch für die Sekundarstufe I und II.* Berlin: Cornelsen Scriptor.

Leitfaden Globales Lernen
Die Schweizer Stiftung Bildung und Entwicklung (mittlerweile: *éducation 21*) stellt in diesem Leitfaden die Hintergründe zum Globalen Lernen und BNE dar. Im zweiten Teil des Leitfadens wird eine Wegleitung vorgestellt, die zur Planung von an Globalem Lernen orientierten Unterricht bzw. Einheiten genutzt werden kann.

www.globaleducation.ch/globallearning_de/resources/2011_Gesamter_Leitfaden.pdf (Kostenlos)

Literaturverzeichnis

Adick, Christel (2008): *Vergleichende Erziehungswissenschaft. Eine Einführung.* Stuttgart: Kohlhammer.

Asbrand, Barbara / Martens, Matthias ([2]2017): ›Globales Lernen – Standards und Kompetenzen‹. In: Lang-Wojtasik, Gregor / Klemm, Ulrich (Hg.): *Handlexikon Globales Lernen.* Ulm: Klemm & Oelschläger, S. 161–165.

Asbrand, Barbara / Scheunpflug, Annette ([4]2014): ›Globales Lernen‹. In: Sander, Wolfgang / Asbrand, Barbara (Hg.): *Handbuch politische Bildung.* Schwalbach: Wochenschau-Verlag, S. 401–412.

Bechtum, Alexandra / Overwien, Bernd (2017): ›Kann postkoloniale Kritik Schule machen? Über ihre Grenzen und Potenziale für (entwicklungs-)politische Bildungsarbeit‹. In: Burchardt, Hans-Jürgen / Peters, Stefan / Weinmann, Nico (Hg.): *Entwicklungstheorie von heute – Entwicklungspolitik von morgen.* Baden-Baden: Nomos Verlagsgesellschaft, S. 59–84.

Becker, Thomas et al. (2016): ›Neue Fremdsprachen‹ In: KMK, BMZ & Engagement Global (Hg.): *Orientierungsrahmen für den Lernbereich Globale Entwicklung im Rahmen einer Bildung für nachhaltige Entwicklung* (2. aktualisierte und erweiterte Auflage). Bonn: Cornelsen.

Brot für die Welt (o. J.): *Über den Ökologischen Fußabdruck.* Online unter: *www.fussabdruck.de/oekologischer-fussabdruck/ueber-den-oekologischen-fussabdruck/*, (18.03.2018).

Bundeszentrale für Politische Bildung (2014): »›Offensichtlich und zugedeckt‹ – Alltagsrassismus in Deutschland«. Online unter: *www.bpb.de/dialog/194569/offensichtlich-und-zugedeckt-alltagsrassismus-in-deutschland*, (08.12.2017).

Büter, Mara / Weitekamp, Saskia (erscheint 2018): ›Interdisziplinärer Unterricht am Beispiel des Wassermangels in der spanischen Region Andalusien – Anregungen zur Umsetzung einer Bildung für nachhaltige Entwicklung‹. In: Mattiesson, Christiane et al. (Hg.): *Früher Bildungsdialog – Wissenschaftskommunikation zwischen Bildungsforschung und Schule.* Bad Heilbrunn: Klinkhardt.

CIAS = Center for InterAmerican Studies an der Universität Bielefeld (2017): *¿Cachai Chile? Sociedad – Memoria – Conflictos actuales. Unterrichtsbausteine für den Spanischunterricht in der Sekundarstufe II.* Bielefeld: Kipu-Verlag.

Danielzik, Chandra-Milena / Kiesel, Timo / Bendix, Daniel (2013): *Bildung für nachhaltige Ungleichheit? Eine postkoloniale Analyse von Materialien der entwicklungspolitischen Bildungsarbeit in Deutschland.* Berlin: glokal e. V. Online unter: *www.glokal.org/wp-content/uploads/2018/03/Glokal-e-V_Bildung-fuer-nachhaltige-Ungleichheit_Barrierefrei-Illustrationen-26-03-2013.pdf*, (18.09.2017).

Danninger, Eva / Schank, Kristy (2010): *Handbuch: Globales Lernen im Spanischunterricht.* Berlin: FDCL Verlag. Online unter: *www.fdcl.org/wp-content/uploads/2010/12/HandbuchGlobLernen_PDF_Web.pdf*, (08.09.2016).

Der fremdsprachliche Unterricht Spanisch (Hg.) (2014): *Kooperatives Lernen.* Heft 44.

Deutsche Welthungerhilfe (o. J.): ›Nachhaltige Entwicklung‹. Online unter: *www.welthungerhilfe.de/nachhaltigkeitsziele.html*, (08.12.2017).

DUK = Deutsche UNESCO-Kommission (o. J. a.): ›Das Weltaktionsprogramm in Deutschland‹. In: *BNE-Portal.* Online unter: *www.bne-portal.de/de/bundesweit/weltaktionsprogramm-deutschland*, (05.12.2017).

DUK = Deutsche UNESCO-Kommission (o. J. b): ›Einstieg‹. In: BNE-Portal. Online unter: *www.bne-portal.de/de/einstieg*, (03.12.2017).

EPIZ = Entwicklungspolitisches Bildungs- und Informationszentrum e. V. (2015): ›Globales Lernen. Handbuch für Referent_innen. Konzeption, Durchführung und Auswertung von Veranstaltungen des Globalen Lernens‹. Online unter: *www.epiz-berlin.de/publications/handbuch-gl-fu%CC%88r-referent_innen/*, (12.09.2017).

Generalversammlung der Vereinten Nationen (2015): *Resolution der Generalversammlung, verabschiedet am 1. September 2015. Entwurf des Ergebnisdokuments des Gipfeltreffens der Vereinten Nationen zur Verabschiedung der Post-2015-Entwicklungsagenda1.* Online unter: *www.un.org/depts/german/gv-69/band3/ar69315.pdf*, (11.09.2017).

Grünewald, Andreas ([2]2017): ›Geschichte des Unterrichtsfaches in der Erwachsenenbildung und in der Schule‹. In: Grünewald, Andreas / Küster, Lutz (Hg.): *Fachdidaktik Spanisch. Tradition – Innovation – Praxis.* Stuttgart: Klett Sprachen GmbH, S. 12–16.

Heinrich-Böll-Stiftung Thüringen e. V. (o. J.): Der ökologische Fußabdruck. Online unter: *www.boell-thueringen.de/de/2011/03/13/der-oekologische-fussabdruck*, (18.03.2018).

Herdeg, Philip (2014): *Leitfaden Mystery. Didaktische Überlegungen und Einsatz im Unterricht.* Online unter: *www.education21.ch/sites/default/files/uploads/pdf-d/schule/unterrichtsmedien/Leitfaden%20Mystery_D.pdf*, (13.09.2016).

KMK (2012): ›Bildungsstandards für die fortgeführte Fremdsprache (Englisch / Französisch) für die Allgemeine Hochschulreife‹. Online unter: *www.kmk.org/fileadmin/veroeffentlichungen_beschluesse/2012/2012_10_18-Bildungsstandards-Fortgef-FS-Abi.pdf*, (08.09.2016).

KMK, BMZ & Engagement Global (Hg.) (2007). *Orientierungsrahmen für den Lernbereich Globale Entwicklung im Rahmen einer Bildung für nachhaltige Entwicklung.* Bonn: Omnia.

KMK, BMZ & Engagement Global (Hg.) (2016). *Orientierungsrahmen für den Lernbereich Globale Entwicklung im Rahmen einer Bildung für nachhaltige Entwicklung* (2. aktualisierte und erweiterte Auflage). Bonn: Cornelsen.

Koch, Corinna / Yilmaz, Nuray (2017): ›Politische Bildung durch die methodische Gestaltung des Spanischunterrichts‹. In: Grünewald, Andreas (Hg.): *Praxismaterial: Politische Bildung im Spanischunterricht. Didaktische Grundlagen, Methoden, Materialien.* Seelze: Klett / Kallmeyer, S. 25–43.

Lang-Wojtasik, Gregor / Klemm, Ulrich (Hg.) ([2]2017): *Handlexikon Globales Lernen.* Ulm: Klemm & Oelschläger.

Lang-Wojtasik, Gregor / Natterer, Nina ([2]2017): ›SDGs – Sustainable Development Goals‹. In: Lang-Wojtasik, Gregor / Klemm, Ulrich (Hg.): *Handlexikon Globales Lernen.* Ulm: Klemm & Oelschläger, S. 375–378.

Lüning, Marita (2008): ›Kooperatives Lernen‹. In: Lüning, Marita / Rössler, Andrea / Sommerfeldt, Kathrin / Strickstrack-García, Roswitha / Vences Ursula / Wlasak-Feik, Christine (Hg.): *Prinzipien und Methoden des Spanischunterrichts.* Seelze: Friedrich-Verlag, S. 135–140.

Lütge, Christiane (2012): ›Going Global? Perspektiven für den Fremdsprachenunterricht‹. In: *Praxis Fremdsprachenunterricht Basisheft* 5. 2012, S. 5–7.

Mattes, Wolfgang (2011): *Methoden für den Unterricht. Kompakte Übersichten für Lehrende und Lernende.* Paderborn: Schöningh Verlag.

Nünning, Ansgar / Surkamp, Carola (2006): ›Förderung von interkulturellen Kommunikationskompetenzen: Fremdverstehen durch Literatur‹. In: Nünning, Ansgar / Surkamp, Carola (Hg.): *Englische Literatur unterrichten. Grundlagen und Methoden.* Seelze-Velber: Klett, Kallmeyer, S. 27–32.

Pädagogische Hochschule Luzern (o. J.): ›Ein Schritt nach vorn‹. Online unter: *www.compasito-zmrb.ch/uebungen/?tx_browser_pi1%5BshowUid%5D=13&cHash=2471dd9782*, (09.09.2017).

Remmert, Natascha (2016): ›Las bicimáquinas: Mi bici ahora desgrana maíz. Die Mystery-Methode im Spanischunterricht‹. In: Bär, Marcus / Bernecker, Walther L. / Lüning, Marita (Hg.): *Interkulturalität und Mehrsprachigkeit. Beiträge zu Sprache, Literatur und Kultur Spaniens und Lateinamerikas: Festschrift zum 75. Geburtstag von Ursula Vences.* Berlin: Edition tranvía, S. 349–363.

Rieckmann, Marco / Stoltenberg, Ute (2011): ›Partizipation als zentrales Element von Bildung für eine nachhaltige Entwicklung‹. In: Heinrichs, Harald / Kuhn, Katina / Newig, Jens (Hg.): *Nachhaltige Entwicklung? Welche Rolle für Partizipation und Kooperation?* Wiesbaden: VS Verlag für Sozialwissenschaften, S. 119–131.

Rössler, Andrea (2007): »Von der Folie des Eigenen das Fremde verstehen. Interkulturelles Lernen mit dem Jugendbuch ›La tierra de las papas‹ von Paloma Bordons«. In: Hispanorama 115, S. 81–88.

Scheunpflug, Annette (2016): *›Entwicklungspolitische Bildung und Globales Lernen. Ein Beitrag zur politischen Bildung‹*. In: *Außerschulische Bildung* 2, S. 30–37.

Scheunpflug, Annette ([2]2017a): ›Globales Lernen – Geschichte‹. In: Lang-Wojtasik, Gregor / Klemm, Ulrich (Hg.): *Handlexikon Globales Lernen.* Ulm: Klemm & Oelschläger, S. 141–144.

Scheunpflug, Annette ([2]2017b): ›Postkoloniale Theorien und Globales Lernen‹. In: Lang-Wojtasik, Gregor / Klemm, Ulrich (Hg.): *Handlexikon Globales Lernen.* Ulm: Klemm & Oelschläger, S. 327–329.

Schreiber, Jörg-Robert / Schuler, Stephan (2005): ›Wege Globalen Lernens unter dem Leitbild einer nachhaltigen Entwicklung‹. In: *Praxis Geographie* 4, S. 4–11.

Schrüfer, Gabriele / Schockemöhle, Johanna (2012): ›Nachhaltige Entwicklung und Geographieunterricht‹. In: Haversath, Johann-Bernhard (Hg.): *Geographiedidaktik. Theorie – Themen – Forschung.* Braunschweig: Westermann, S. 107–164.

Seitz, Klaus (2007): ›Klimawandel in den Köpfen – Zur Rolle des Globalen Lernens in der Bildung für nachhaltige Entwicklung‹. In: VENRO (Hg.): *Jahrbuch Globales Lernen 2007 / 2008.* Bonn, S. 46–52.

Social Media Redaktion (2016): WWF-Report: Die Menschheit verbraucht jedes Jahr 1,6 Erden. Online unter: *https://utopia.de/living-planet-report-2016-33274/*, (18.03.2018).

Surkamp, Carola / Jancke, Marko (2012): ›Global Education und der Film Hotel Rwanda: Neue Möglichkeiten für den neokommunikativen Fremdsprachenunterricht‹. In: Reinfried, Marcus / Volkmann, Laurenz (Hg.): *Medien im neokommunikativen Fremdsprachenunterricht. Einsatzformen, Inhalte, Lernerkompetenzen.* Frankfurt am Main: Peter Lang, S. 63–77.

Vences, Ursula (2007): ›Interkulturelles Lernen – weit mehr als Landeskunde‹. In: *Der fremdsprachliche Unterricht Spanisch* 16, S. 4–9.

Vences, Ursula (2017): »›Kein Brot für die Welt?‹ – Das Thema ›Ernährung‹ im Rahmen des Globalen Lernens im Spanischunterricht«. In: *Der fremdsprachliche Unterricht Spanisch* 57, S. 2–7.

Volkmann, Laurenz (2014): ›Die Abkehr vom Differenzdenken: Transkulturelles Lernen und global education‹. In: Matz, Frauke / Rogge, Michael / Siepmann, Philipp (Hg.): *Transkulturelles Lernen im Fremdsprachenunterricht. Theorie und Praxis.* Frankfurt am Main: Peter Lang GmbH, S. 37–51.

Procesos migratorios en América Latina

Unterrichtsbausteine für den Themenbereich Migration

Die Themenmappe betrachten Migration als ein soziales, politisches, historisches und wirtschaftliches Phänomen in einer zunehmend globalisierten Welt. Neben dem im Schulunterricht sehr präsenten Thema der Arbeitsmigration zwischen Mexiko und den USA und der Einwandrungsbewegung aus Nordafrika nach Südspanien soll der Blick auf Migration im spanischsprachigen Teil der Welt durch einschlägige Beispiele erweitert werden. Die Materialien hinterfragen Einwanderungspolitiken und Migrationsregime und sollen zur Auseinandersetzung mit den vielschichtigen Beweggründen von Auswanderung sowie Identitätsbildungsprozessen in einem neuen Lebens- und Arbeitsalltag anregen.

ERSCHIENEN
März 2017

TEXTE
Deutsch / Spanisch

SEITENANZAHL
68

DOWNLOAD
Zusatzmaterial

PREIS
10 Euro

ISBN
978-3-946507-01-7

CIAS Mappe 2

Spanischunterricht
Sek II

¿Cachai Chile? Sociedad. Memoria. Conflictos actuales.

Unterrichtsbausteine für den Spanischunterricht

›¿Chachai Chile?‹ heißt übersetzt so viel wie ›Kennst du Chile?‹. Ziel der Unterrichtsbausteine ist es, die Diversität von Land und Leuten sowie unterschiedliche Lebensrealitäten zu vermitteln. Zentral ist dabei die Auseinandersetzung mit historischen Verflechtungen. So werden aktuelle Konflikte – wie etwa die Studierendenproteste oder der Konflikt zwischen Mapuche und chilenischem Staat – auch in ihrer historischen Perspektive beleuchtet. Daneben zieht sich die Debatte über historisches Erinnern als roter Faden durch die gesamte Mappe.

ERSCHIENEN
Juni 2017

TEXTE
Deutsch / Spanisch

SEITENANZAHL
64

DOWNLOAD
Sachanalyse und Zusatzmaterial

PREIS
10 Euro

ISBN
978-3-946507-04-8

CIAS Mappe 4

Spanischunterricht
Sek II